NOS CONTEMPORAINS

GALERIE COLONIALE

ET DIPLOMATIQUE

OUVRAGES DU MÊME AUTEUR

LOUIS HENRIQUE

NOS CONTEMPORAINS

GALERIE COLONIALE

ET DIPLOMATIQUE

TROISIÈME VOLUME

PRÉFACE DE M. DE LA PORTE
Député des Deux-Sèvres
Ancien Sous-Secrétaire d'Etat des Colonies

S. M. OSCAR II, *Roi de Suède et de Norwège*
MM. LÉON BOURGEOIS. — RIOTTEAU. — GERVILLE-RÉACHE
LE GÉNÉRAL BRIÈRE DE L'ISLE
L'INTENDANT GÉNÉRAL BARATIER. — LE GÉNÉRAL GALLIÉNI
LE COMMANDANT TOUTÉE. — DE LAMOTHE. — BEAUCHAMP
JEAN BAYOL. — FEILLET. — MARTINEAU
LE COMTE D'ORMESSON. — PATRIMONIO. — LE COMTE DE
SESMAISONS. — CHAMBERLAIN. — SIR EDMUND JOHN MONSON
H. PHILIP STANHOPE. — LE MAJOR ROPER PARKINGTON
G. PALMER HARDING. — TRICOUPIS

PARIS
DANS LES BUREAUX
DE LA
POLITIQUE COLONIALE
26. Rue Cambon, 26

1898

PRÉFACE

Quand M. Louis Henrique est venu, ces jours derniers, me demander de placer en tête du 3ᵉ volume de sa *Galerie Coloniale et Diplomatique* quelques lignes d'introduction, j'ai accédé volontiers, par sympathie pour l'auteur et pour l'œuvre, au désir qui m'était exprimé.

L'organisateur de l'Exposition coloniale de 1889 est trop connu pour que j'aie à faire son éloge. Il n'est personne qui ignore dans quel ordre à la fois méthodique et artistique il avait su disposer, pour le plaisir des yeux et la satisfaction de l'esprit, les produits les plus variés de nos possessions lointaines. C'était vraiment pour le public un voyage fécond en découvertes et en révélations inattendues. On pressentait, à première vue, que l'homme de savoir et de goût qui avait veillé aux innombrables détails de cette Exposition était en même temps un ami passionné des colonies.

Et, en effet, M. Louis Henrique avait été, dans plusieurs occasions difficiles, le collabo-

1

rateur volontaire de l'administration des
colonies pour la défense des intérêts de notre
pays.

Il avait, de plus, entrepris et mené à bien la
publication des *Notices coloniales*, vaste
répertoire de renseignements de toute nature
sur les territoires soumis à l'autorité directe
ou placés sous le protectorat de la France.

La *Galerie*, dont on va lire le 3ᵉ volume
est le complément naturel de cette remarqua-
ble publication.

Destinée à nous faire mieux connaître les
grands explorateurs, qui ont ouvert à notre
civilisation des contrées jusqu'alors mysté-
rieuses ; les hommes de guerre qui ont planté
ou maintenu notre drapeau au Tonkin, au
Soudan, à Madagascar ; les diplomates qui
ont assuré nos conquêtes par des traités ; les
administrateurs auxquels est échue la tâche
malaisée de préserver de la décadence nos
anciennes colonies, ou de mettre en valeur
les nouvelles ; les hommes d'Etat de l'étranger
avec lesquels nous pouvons avoir, soit à entrer
en lutte, soit à combiner nos efforts en Europe
et dans le monde entier, la *Galerie Coloniale
et Diplomatique* est une encyclopédie biogra-
phique d'une incontestable utilité. Elle se

recommande, à ce titre, à l'attention de ceux
qui veulent se faire une opinion raisonnée
sur les hommes et sur les choses.

Sans doute notre situation géographique
et nos frontières ouvertes par une blessure
que le temps ne suffit pas à cicatriser nous
font un devoir impérieux de tenir constamment disponible le meilleur de nos ressources et de nos forces pour le rôle que nous
pouvons être appelés à jouer en Europe. Mais
il n'y a plus aujourd'hui, en diplomatie, de
questions purement européennes. C'est sur
toute la surface du globe que les nations se
rencontrent et que se préparent les conflits ou
les alliances de l'avenir.

A n'envisager que les services qu'elles nous
rendront dans une guerre navale, le jour où
l'on se sera enfin décidé à tirer parti des points
d'appui ou de ravitaillement qu'elles offrent à
notre flotte, nos colonies ne sont pas un élé-
ment négligeable de la puissance militaire de
notre patrie.

Aussi est-il profondément regrettable que
certains postes importants ne soient pas pour-
vus, dès le temps de paix, des forces qui
devraient les défendre, en temps de guerre,
et qu'il deviendrait alors impossible d'y

envoyer, ou de constituer sur place, au moye
de formations locales.

On reproche, non sans motif, à nos coloni
de prélever sur le budget de la métropole u
tribut excessif. Il serait juste en même temps
reconnaître que notre politique financière,
leur égard, a trop souvent oscillé entre les pr
digalités irréfléchies et les économies exagéré

On jette, par exemple, les millions à po
gnées pour la conquête, puis, quand elle e
officiellement terminée, on s'irrite à la pens
du surcroît de dépenses exigé par l'outilla
économique des nouvelles possessions do
s'est plutôt accru qu'enrichi, pour le déb
du moins, notre domaine colonial. Si l'on
regardait de près, cependant, on constater
sans peine que ces dépenses de mise en vale
ne sont pas autant qu'on le croit un sacrifi
sans compensation prochaine pour not
budget. Un pays privé de chemins de fer,
routes, de canaux ou de cours d'eau ouvert
la navigation, en toute saison, rend nécessair
pour la sauvegarde de notre autorité et
sécurité de nos nationaux, d'énormes effecti
suivis dans leurs lents et pénibles déplac
ments par des convois interminables et r
neux. Supposez-le doté, suivant un plan ju

cieusement établi, de moyens de transports rapides, les dépenses militaires seront faciles à réduire, et l'esprit d'entreprise, auquel on demandera légitimement de se montrer moins timide, profitera, pour le développement économique du pays, des mêmes voies qui auront déjà augmenté le rayon d'action de nos troupes.en même temps que leur mobilité.

En attendant que s'achève cette œuvre, qui est encore loin de son terme, il faut remercier ceux qui, comme M. Louis Henrique, rendent à l'opinion publique le service de ne pas la laisser s'endormir dans une insoucieuse ignorance de tout ce qui dépasse notre horizon accoutumé.

Ce serait une périlleuse erreur de considérer les questions diplomatiques et coloniales comme un terrain interdit aux profanes et réservé exclusivement aux hommes spéciaux.

Quand il s'agit de la France, de la direction à donner à sa politique extérieure ou à ses affaires coloniales, il importe que le sentiment public soit toujours en éveil, afin de favoriser les solutions utiles et de prévenir, par ses manifestations, les fautes irréparables.

A. DE LA PORTE
Député des Deux-Sèvres,
Ancien Sous-Secrétaire d'Etat des Colonies.

S. M. OSCAR II

Roi de Suède et de Norwège

S. M. OSCAR II

ROI DE SUÈDE ET DE NORWÈGE

Parmi les Français de toute opinion, qui
ont eu l'honneur d'être reçus par le roi
Oscar, au mois de juin 1897, pendant les
fêtes du Congrès international de la presse,
il n'en est pas, j'imagine, qui n'ait été séduit
par la simplicité pleine de dignité du souverain et la bienveillance du châtelain de Drottningholm.

Les royalistes les plus fervents d'entre
nous, les démocrates les plus fermes (il y en
avait bien quelques-uns) ont été charmés, à
un égal degré, par la mine souriante et la
distinction aimable d'Oscar II. Sa haute sta-
ture impose le respect ; sa physionomie
ouverte inspire la sympathie à première vue ;
il doit être bon, comme le sont les forts. Je ne
suis pas surpris qu'il soit si populaire parmi
les Suédois ; il a ce qui plaît aux foules. S'il

a le loisir de visiter la France en 1900, Paris,
l'acclamera, le fêtera comme un ami de la
France.

Oscar II est né à Stockholm — le 21 janvier 1829, disent les biographes indiscrets. —
Sans être courtisan, on peut enlever deux
lustres et rester dans la vraisemblance.

Il est monté sur le trône de Suède et Norwège le 18 septembre 1872. La Suède vient
de célébrer le 25ᵉ anniversaire de son avènement, par des fêtes, dont les préparatifs commençaient lors de notre récent séjour à
Stockholm.

Une souscription avait été ouverte dans le
royaume scandinave pour l'achat d'un
magnifique présent que le peuple suédois
voulait offrir à son roi, à titre de don national, en souvenir des vingt-cinq années de
paix et de prospérité dont la Suède et la Norwège ont joui sous l'administration éclairée
d'Oscar II. Le roi a refusé, par scrupule :
l'affection de son peuple, — de ses concitoyens, oserai-je dire, — lui suffit. Le produit de la souscription, qui a dépassé trois
millions de francs, sera affecté à une fon-
dation charitable, selon les désirs mêmes du
souverain.

Oscar II a succédé à son frère Charles XV, à défaut de descendant mâle.

C'est un fin lettré. Dans sa jeunesse il a écrit un poème *Ur Svenska flottans Minnen* qui fut couronné par l'Académie suédoise (1858). Quand l'ordre de succession l'éleva au rang de prince héritier, il s'adonna à l'étude des questions politiques et historiques. Il a produit de nombreux ouvrages de grande valeur : *Færslag till exercis-reglemente for K. M. flottas landstigningstrupper; Nàgra bidrar till Sveriges-Krigs-historia aren 1711, 1712 och 1713 (1859-1865); Carl XII (1868).*

Mais entre temps il est revenu aux questions d'art qui ont toujours eu et ont encore ses prédilections et il a publié tour à tour : *Quelques heures au château de Kronoborg le 29 octobre 1658* (en français 1658); *Nytt och gammalt* en cinq volumes (1859-1872) ; *Blom mornas undran,* un beau volume d'Idylles (1863); *En Gemsjagt y bayerska Tyrolen* (1864) *Festhymn vid expositionens œppnande* (1866).

Le roi est un orateur disert et éloquent, quelques-uns des nombreux discours qu'il a prononcés ont été publiés, tels que *Tal vid œppnandet af fœrsta Skandinaviska industri och Kunstexpositionen i Stockholm* (1860); *Tal vid utdelning af Medaljer Vunna af Svenska Ustœllare 1862* (1863) ; *Tal till Upsala Studentcorps a Carolinosalen.*

Depuis qu'il est monté sur le trône, il n'a publié qu'un seul ouvrage, *Samlade Skrifter* (1875-1876); mais il est resté le protecteur bienveillant des lettres, des arts et des sciences. Il a donné tout son appui à l'illustre Nordenskioldsk, qu'il traite avec une faveur toute particulière. Les explorations vers le pôle Nord le passionnent, comme tous les Suédois. « Le pôle Nord, est chez nous, » disait-il, avec enjouement, au moment où Andrée terminait les préparatifs de son expédition aérienne, si aventureuse et peut-être si compromise. Le roi Oscar ne serait pas le moins affecté de tous les patriotes suédois, si le vaillant Andrée succombait avant d'avoir atteint un jour le Pôle, « cette colonie suédoise », comme se plaît à dire Oscar II.

C'est même la seule colonie que semble désirer la Suède : elle nous a cédé, il y a quelques années, la petite île Saint-Barthélemy, voisine de la Guadeloupe. Le roi, à qui l'un des membres de la presse coloniale française s'était fait présenter, évoqua le souvenir de cette acquisition : « je souhaite, dit-il, que la possession de Saint-Barthélémy soit une meilleure affaire pour la France que pour la Suède ». Il souligna ce vœu d'un sourire de satisfaction discrète.

Oscar II est un esprit libéral. Je n'en veux pour preuve que l'attitude qu'il a prise à l'égard du congrès international de la Presse.

Il est, si je ne me trompe, le premier souverain qui ai fait montre d'un tel empressement en pareille circonstance. Il a prodigué aux invités de la presse suédoise les marques d'une extrême bienveillance, depuis le premier jour jusqu'au dernier.

Il a ouvert, en personne, la séance d'inauguration du Congrès ; il a donné au Prince Royal mission de présider un des banquets offerts aux congressistes ; il a assisté à la représentation de gala donnée en leur honneur ; enfin il a tenu à les recevoir lui-même, dans sa résidence royale de Drottningholm, charmante miniature du château de Versailles, avec les agréments en plus d'un gracieux lac aux rivages verdoyants et pittoresques.

C'est chose qui vaut d'être notée, que la bonne grâce déployée par le roi Oscar à l'égard de la presse internationale, La Presse, l'ennemie suspecte ailleurs ! le roi de Suède, à l'encontre de certains hommes d'Etat, ne croit pas qu'il soit de bonne politique de dédaigner ses avis : il préfère mériter ses louanges. Elle jouit en Suède d'une liberté presque illimitée, et dans son discours à Drottningholm, Oscar II a proclamé « qu'elle est devenue un des plus puissants instruments de civilisation des temps modernes. »

Il faut aller en Suède pour entendre un pareil langage. Il y a longtemps que nous n'avions, nous Français, été à pareille fête. Le roi Oscar serait-il plus libéral que quelques-uns de nos démocrates ? N'approfondissons pas et ne faisons pas de comparaisons dangereuses.

Aussi bien, je ne veux gâter, par aucune pensée amère, le souvenir réconfortant des manifestations de sympathie dont la nation suédoise, à l'exemple de son roi, a comblé les membres du Congrès de la presse.

Dans ces notes rapides, je n'ai pas eu l'ambition d'écrire la vie d'Oscar II ; j'ai eu, plus modestement, le dessein de rendre un hommage au souverain hospitalier, au lettré délicat, à l'artiste raffiné, à l'orateur très libéral qu'est le roi de Suède et Norwège et je lui demande la permission de lui envoyer, à l'occasion du jubilé célébré, il y a quelques semaines par son peuple, le salut respectueux d'un Français reconnaissant.

DISCOURS DU ROI

Au cours de l'inoubliable réception de Drottningholm, le roi a adressé aux membres du Congrès international de la Presse, le 28 juin 1897, le discours suivant :

Messieurs, c'est avec une sincère satisfaction que je salue comme mes hôtes les membres du Congrès international de la presse. Je tiens avant tout à leur témoigner de nouveau combien j'ai été touché des nombreuses marques de sympathie qui m'ont été accordées et qui me sont d'autant plus précieuses que je les considère comme adressées en même temps à la Suède.

Parmi les institutions des temps modernes, la presse prend incontestablement une place des plus prédominantes. La force qu'elle possède paraît, en effet, immense, et tant que la presse reste dûment consciente de la haute responsabilité qui en est la conséquence inévitable, elle doit certes être considérée comme un grand bienfait pour la société humaine.

·. Le peuple suédois éprouve donc une joie légitime
que le troisième congrès de la presse ait choisi
Stockholm pour lieu de réunion en 1897. Je me fais
son interprète en vous remerciant tous. J'espère que
vous rapporterez chez vous des souvenirs agréables
et des impressions favorables.

Le souvenir de votre séjour parmi nous ne s'effa-
cera point de bien longtemps : la Suède est un des
pays où les libertés constitutionnelles ont le plus
d'anciennes et profondes racines. La liberté de la
presse, notamment y est, on peut dire, presque illimitée. A l'amour de la liberté et de l'indépendance,
le pays sut toujours associer le respect de la légalité
et de la loyauté.

L'histoire prouve que de très rares exceptions
momentanées ne font que confirmer la règle.

Jadis les drapeaux suédois étaient portés bien loin,
hors des frontières de la patrie, mais les événements
de ce temps glorieux, quoique non toujours heureux,
ne sont plus que souvenir. Ce peuple, descendant des
anciens Vikings, n'aspire plus, de nos jours, qu'à la
gloire des exploits pacifiques, des triomphes civili-
sateurs. Vous saurez vous former un jugement assez
exact du développement des Royaumes-Unis de la
presqu'île scandinave, durant cette heureuse période
pacifique du siècle qui touche à sa fin.

Désirant toujours vivre en bonne intelligence, en
relations franchement amicales avec toutes les
nations civilisées, les peuples frères à la tête des-

quels la Providence m'a placé ont la confiance de gagner et de mériter leurs sympathies.

Je me plais à constater dans votre présence ici la preuve de tels sentiments.

DISCOURS DE M. CLARETIE

M. Claretie, l'éminent académicien, l'habile administrateur de la Comédie-Française, a prononcé, comme Président du groupe français de la Presse internationale, le discours suivant :

Sa Majesté ayant eu la bienveillance de m'accorder la parole, je suis, avec une émotion sincère, profondément heureux de traduire les sentiments de gratitude et de respect qui animent les hôtes de la Suède.

Nous venons d'assister à de merveilleux spectacles, où la nature, l'art et l'industrie semblent avoir collaboré pour nous étonner et nous séduire. Mais l'impression la plus vive que nous emporterons de cet inoubliable voyage, c'est celle que la Presse de toutes les nations éprouve devant une hospitalité royale qui nous comble de reconnaissance.

Nous avions hier devant les yeux un admirable tableau en nous rendant à Saltsjœbaden, un de ces tableaux qui tenteraient le pinceau du duc de Néricie, dont nous admirions la *Nuit d'Été* et la *Forêt*, parmi les toiles supérieures de l'Ecole suédoise.

Sur l'eau calme, bleue comme le ciel, entre les rocs et les sapins, nos deux bateaux fraternels marchaient, les pavillons de toutes les nations mariant leurs couleurs et flottant joyeusement à l'air libre. Eh bien ! Je trouvais dans ce voyage exquis et comme féerique le symbole

même de notre rêve commun ; les peuples unis marchant
dans la clarté vers un idéal de paix et de fraternité, et
ce songe des penseurs et des poètes devenait pour quelques
heures une réalité vivante. Dans les pures eaux scandinaves, ces deux bateaux, emportant les représentants de
tant de nations diverses, symbolisaient les deux peuples
unis de S. M. le roi de Suède et de Norwège.

Aujourd'hui, c'est Sa Majesté elle-même qui nous
convie et c'est à elle que nos remerciements doivent
aller avec nos respects...

Et lorsque, dans quatre mois, les peuples scandinaves
célébreront le jubilé du règne pacifique et glorieux de
Sa Majesté Oscar II, ce sera à nous, témoins de la
magnifique manifestation d'art, d'industrie, de labeur
éclatant et fortuné, de dire quelle gloire revient au souverain dans le succès et le développement intellectuel
et matériel des nations du Nord, et je bois, avec respect,
au nom de la presse, au Roi libéral et juste, auguste et
paternel ; au nom des lettres, au Roi-poète, à l'orateur
qui convaincrait par son charme ceux qu'il guide par
son autorité, et enfin — permettez-moi de le dire, en
rappelant qu'un des privilèges de l'Académie française
est d'associer les hommages donnés à la vertu aux
couronnes réservées au talent — je bois au Roi qui a
ajouté un titre, glorieux entre tous, à tous ceux qu'il
porte, au roi qui a fait de la poésie en action en sauvant
un homme ; au souverain qui a le mieux compris les
devoirs d'un Roi : aimer son peuple et servir l'humanité

A Sa Majesté le roi de Suède et de Norwège !

M. LÉON BOURGEOIS

Député, Ancien Ministre des Affaires étrangères

M. LÉON BOURGEOIS

ANCIEN PRÉSIDENT DU CONSEIL

ANCIEN MINISTRE DES AFFAIRES ÉTRANGÈRES

L'homme qui a assumé la lourde tâche de diriger à la fois la politique intérieure et la politique extérieure de la France, dans des circonstances particulièrement difficiles, mérite le respect des honnêtes gens de tous les partis.

D'intelligence vive, de volonté ferme, d'humeur aimable, M. Bourgeois est entré dans la vie puissamment armé pour la lutte, admirablement doué pour le succès.

Jusqu'à la quarantième année, la fortune lui a prodigué ses sourires. Préfet à trente-deux ans, député à trente-six, ministre à trente-neuf, il a marqué sa place et laissé sa trace partout où les circonstances d'une carrière particulièrement heureuse l'ont conduit.

M. Bourgeois (Léon-Victor-Auguste), né à

2

Paris le 29 mai 1851, fit de brillantes études
en droit qu'il couronna par le titre de doc-
teur, et passa quelques années comme rédac-
teur au Ministère des travaux publics. Le 26
décembre 1877, il entra dans l'administration
préfectorale, en qualité de secrétaire général
de la Marne et fut nommé, en *novembre* 1880,
sous-préfet de Reims. Deux années plus tard
il devint préfet du Tarn (8 *novembre* 1882),
puis secrétaire général de la préfecture de la
Seine (19 *novembre* 1883), préfet de la Haute-
Garonne en 1885, préfet de police en *novem-*
bre 1887. Une remarque en passant, à l'usage
des superstitieux : le mois de *novembre* est
un mois fatidique dans l'existence de M.
Bourgeois : il marque les grandes étapes de
sa carrière administrative et politique ;
M. Bourgeois a présidé le Cabinet du 2 *novem-*
bre 1895.

M. Bourgeois se présenta à la députation
dans la Marne le 28 février 1888 et fut élu en
remplacement de M. Margaine, nommé séna-
teur. Il se démit de ses fonctions de Préfet
de police et eut pour successeur M. Lozé,
qui a été depuis ambassadeur de France à
Vienne.

En mai 1887, M. Floquet, alors président

du Conseil et ministre de l'intérieur, rétablit le sous-secrétariat d'Etat de l'Intérieur au profit de M. Bourgeois, pour qui il avait une estime affectueuse.

A la chute du Cabinet Floquet, le 14 février 1889, M. Bourgeois se retira. Il fut réélu, en septembre 1889, contre M. Ponsard conservateur, ancien député.

Du 18 mars 1890 au 7 décembre 1892, il fit partie du Cabinet de Freycinet-Loubet comme ministre de l'Instruction publique et des Beaux-Arts. Il passa au ministère de la justice dans le Cabinet Ribot, qui succéda au Cabinet Loubet; il eut, à ce titre, la pénible tâche de déposer une demande de poursuites contre dix sénateurs et députés impliqués dans l'affaire de Panama : il est visible que certaines hostilités parlementaires sont des rancunes personnelles, qui datent de là; le temps les a transformées en haines irréductibles.

Lors de la formation du Cabinet Dupuy (décembre 1892), M. Bourgeois se retira et fut réélu le 20 août 1893, sans concurrent. Après l'avènement au pouvoir de M. Félix Faure (janvier 1895), M. Bourgeois fut chargé de la formation d'un cabinet; il dut renoncer à cette tâche devant l'impossibilité de grouper les éléments d'un ministère d'union républicaine qu'il avait eu la pensée de former.

En novembre de la même année, M. Bourgeois reçut l'offre de prendre le pouvoir et il constitua le cabinet du 2 novembre, dans lequel il s'attribua le portefeuille de l'intérieur qu'il conserva jusqu'à la démission de M. Berthelot, ministre des affaires étrangères, qui se retira, le 27 mars 1896, pour raisons de santé. M. Bourgeois l'a remplacé à cette date au quai d'Orsay.

Au moment où s'est effectué ce changement de personnes dans la direction de notre politique extérieure, la situation de l'Europe était particulièrement délicate.

La question d'Egypte venait d'entrer brusquement dans une phase nouvelle ; l'Angleterre avait décidé l'envoi d'une expédition contre les Mahdistes aux frais du Trésor égyptien, au lendemain même du jour où l'Italie avait subi un échec grave en Abyssinie. Il semble qu'il y ait eu une connexité étroite entre les résolutions du gouvernement britannique et la défaite de l'armée italienne. L'Allemagne, en donnant son appui ostensible à l'Angleterre dans les délibérations de la commission de la dette égyptienne, n'a pas peu contribué à augmenter les difficultés international e à compliquer la tâche, déjà bien ardue, de la diplomatie française, Le ministre des affaires étrangères de cette époque, homme de sang froid, envisagea la situation faite à la France avec le calme qui convenait. Habile manœuvrier sur le terrain parlementaire, il sut se mouvoir sur l'échiquier international avec l'aisance d'un tacticien qui a appris, au cours d'une carrière laborieuse, à manier les hommes et à éviter les pièges.

Depuis la chute du Cabinet qu'il présidait (30 avril 1896), M. Bourgeois a conservé une attitude discrète, quelque peu effacée, au gré des impatients. Que ceux-ci se rassurent ; à l'heure décisive, M. Bourgeois sortira de sa calme retraite, réconforté par le repos, édifié sur la valeur de certains concours compromettants, mieux préparé à de nouvelles luttes et toujours résolu à défendre l'ordre républicain et le progrès démocratique.

M. RIOTTEAU

Député, rapporteur du budget des Colonies

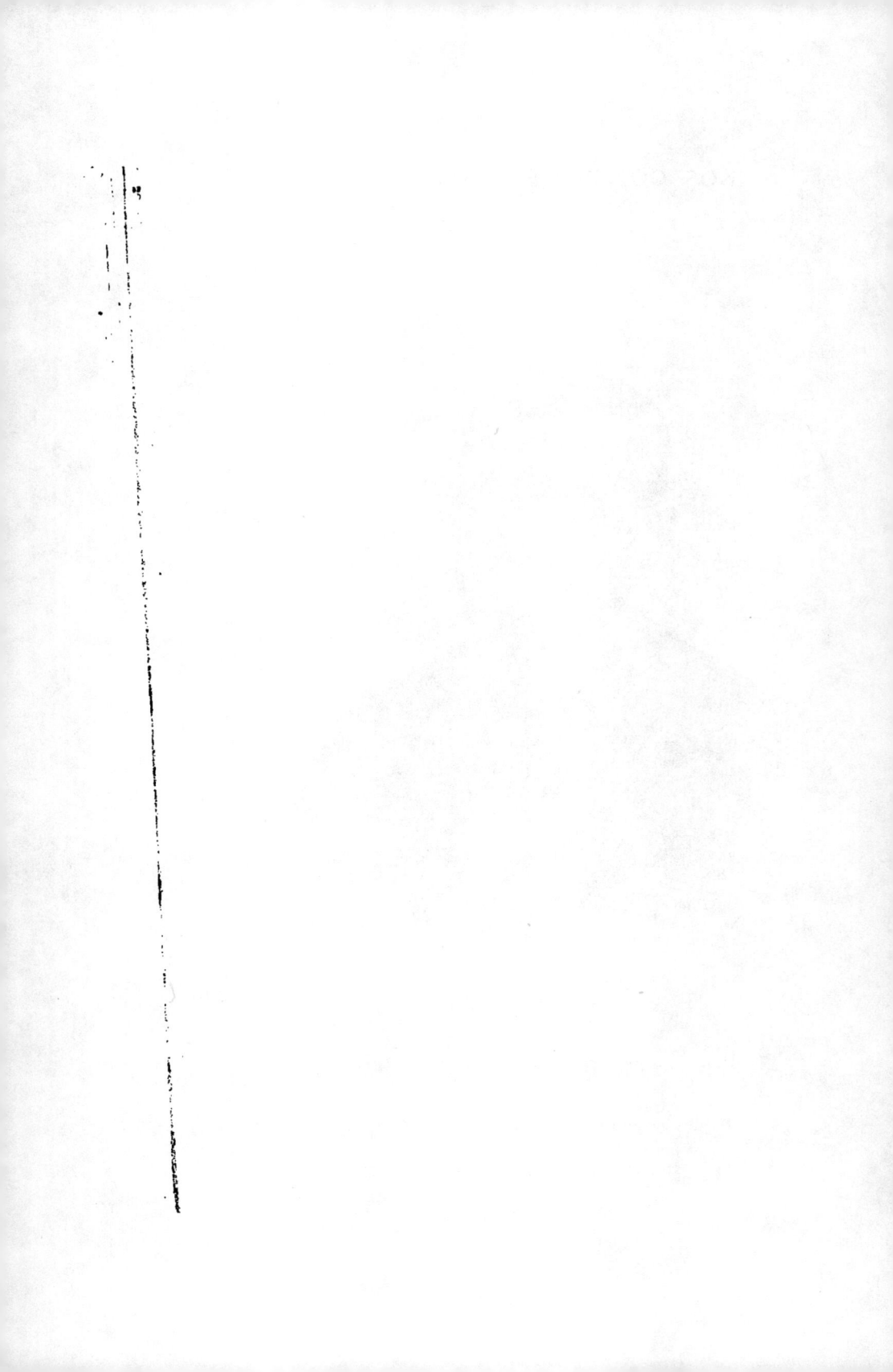

M. RIOTTEAU

DÉPUTÉ, RAPPORTEUR DU BUDGET DES COLONIES

Comme quelques-uns, mieux que beaucoup d'autres, M. Riotteau est entré dans la carrière politique après s'y être préparé. Ce n'est pas un politicien, au sens fâcheux du mot. Il est de ces hommes qui pensent qu'avant de prétendre à gérer les affaires publiques, il est nécessaire d'avoir appris à les connaître. Je dirais volontiers de lui « qu'avant de faire de la haute école, il a fait du manège ».

Laborieux dès sa jeunesse, il est arrivé à l'âge mûr, fortifié par les leçons de l'expérience, sûr de lui, armé contre les ambitions hâtives, ces redoutables récifs de la vie parlementaire que savent éviter les esprits pondérés et où se brisent les impatients, hantés par le désir irréfléchi de dominer avant l'heure, poussés par le besoin immodéré de monter haut et vite.

M. Riotteau est le fils d'un armateur de

Granville ; il a été armateur : l'aîné de ses fils sera armateur, à moins qu'il ne le soit déjà, au moins par association. C'est une tradition de famille, la bonne, la vraie, qui fait les maisons prospères.

Il est né dans une île lointaine, perdue au milieu des glaces de l'Océan, — la petite île St-Pierre, sœur jumelle et inséparable de Miquelon, dont j'évoque le nom comme un souvenir agréable de jeunesse.

Quand la colonie de Saint-Pierre-Miquelon me fit, il y a une quinzaine d'années, l'honneur de m'élire comme délégué au Conseil supérieur des colonies, les premières félicitations me vinrent de M. Riotteau qui me dit amicalement : « Mon île natale avait déjà un défenseur, elle en a deux aujourd'hui. »

C'est à Saint-Pierre-Miquelon que M. Riotteau a pris le goût des affaires maritimes et coloniales : on ne naît pas impunément dans une île qui est une colonie. Il aime les marins et les coloniaux d'une égale affection, encore que marins et coloniaux, depuis quelques années, vivent en antagonisme, ce qui n'est peut-être qu'une des formes de l'émulation, pour prendre les choses par le bon côté.

Il est membre du Conseil supérieur des Colonies, depuis la création de cette assemblée, en 1883 ; il est également membre de la commission supérieure des Invalides et de la Marine.

Installé à Granville depuis près d'un demi-siècle, M. Riotteau, vivant dans un pays de pâturage a été amené à porter sa sollicitude sur l'industrie agricole, et, en particulier sur l'élevage. Cette question vitale est de celles qui l'ont préoccupé dès longtemps et l'occupent toujours : il est membre du Conseil supérieur des Haras.

Faut-il ajouter qu'il a fait partie du Conseil municipal de Granville pendant vingt-cinq ans, et a été maire pendant sept ; qu'il a été et est encore Président de la Chambre de Commerce de Granville et du Conseil d'agriculture de la Manche, après avoir été Président de la société d'Agriculture d'Avranches et membre du conseil départemental de l'Instruction publique?

On le voit, M. Riotteau avait fait ses preuves et donné la mesure de ses aptitudes, quand il entra au Parlement.

Il y fut envoyé par les électeurs de Granville pour la première fois, le 26 février 1876,

sans l'avoir sollicité, et à une énorme majorité contre le candidat bonapartiste que sou-
tenait le gouvernement d'alors.

Après le coup d'Etat du 16 mai 1877, il
vota avec les 363, mais il échoua de quelques
voix aux élections du 14 octobre ; trois mois
après, les opérations électorales ayant été
annulées, les électeurs, mieux avisés le ren-
voyaient à la Chambre par 7,698 voix contre
3,567 qu'obtint le candidat conservateur. Il a
été réélu successivement, depuis 1877, à
chaque consultation du suffrage universel,
sauf en 1885, où toute la liste républicaine
fut mise en minorité dans le département de
la Manche. Mais ce ne fut qu'une courte
éclipse : en 1887, il se produisit une vacance
dans la représentation de ce département et
M. Riotteau fut élu à 10.000 voix de majorité
contre l'amiral Roussin, candidat conservateur.

Il s'est classé à la Chambre parmi les
républicains laborieux. Il s'est spécialisé
dans l'étude des questions maritimes et agri-
coles. Il a fait partie de commissions importantes, a été pendant une législature (1881-
1885), membre du bureau de la Chambre.En
1889, il s'éleva avec énergie contre les pro-

jets de dictature que le général Boulanger dissimulait mal sous la formule révisionniste.

Il a été, à plusieurs reprises, membre de la commission du budget et, en 1895, élu rapporteur de l'agriculture.

Entre temps, il a été désigné, à maintes reprises, par le gouvernement, comme membre du comité d'organisation de diverses expositions, celle de 1889, celle de Chicago en 1893 ; il préside actuellement le comité départemental de la Manche pour celle de 1900.

Ces temps derniers, il a été élu membre de la Commission du budget de 1898 et rapporteur spécial des Colonies. Il saura s'acquitter de la mission importante et délicate, à la fois, qui lui a été confiée, avec compétence et aussi avec fermeté.

M. Riotteau appartient à la majorité ministérielle qui soutient le Cabinet Méline, mais s'il ne veut pas être un censeur de parti pris il n'entend pas être un contrôleur aveugle ou complaisant. Il a, à un haut degré, l'esprit gouvernemental ; il sera pour l'administration des Colonies un collaborateur utile et un conseiller bienveillant ; mais il a, à un égal degré, le sens pratique de l'industriel. A ce titre il sait, mieux que quiconque, que la maison la plus florissante périclite le jour où les frais généraux excèdent la part correspondante à sa puissance de production.

Il a dû se demander déjà si les 88 millions que réclame en bloc le département des Colonies, pour administrer notre domaine d'outre-mer, sont répartis suivant une saine entente des lois de l'économie politique. Quand il entrera dans les détails du budget colonial, il ne peut manquer de faire des constatations troublantes pour un homme habitué à dresser un bilan de fin d'année. Les dépenses improductives constituent les trois quarts de ce budget. M. Riotteau voudra savoir si l'heure n'a pas sonné enfin d'alléger ce poids mort que les prévisions ministérielles proposent d'augmenter de 4 millions en 1898. Il est trop avisé pour ne s'être pas rendu compte, à la lecture des documents qui sont mis à sa disposition, que si tout a été combiné pour maintenir à un niveau constant le contingent militaire et civil de ceux qui gardent et gouvernent les Colonies, rien n'a été fait jusqu'ici, rien n'a été prévu cette année plus que l'année pré-

cédente, pour ouvrir enfin la période de la
colonisation proprement dite — de la colonisation par les capitaux et les colons.

S'il veut avouer tout ce que l'examen rai-
sonné des différents chapitres du budget colonial lui a révélé, il dira que nos colonies
périssent d'un excès de centralisation administrative et d'un luxe abusif de protection
militaire. Mais il ne suffit pas d'exprimer de
telles vérités dans un rapport étudié et documenté ; il faut qu'elles se traduisent par des
faits et par des chiffres, c'est-a-dire par des
réformes, c'est-à-dire encore, dans l'espèce,
par la suppression de ce qui est superflu et
par la création de ce qui est nécessaire, ceci
compensant cela.

Ceux qui étudient les colonies, au point
de vue de leur utilité économique, ne peuvent s'empêcher de dire — au risque d'être
des fâcheux — qu'il est temps, grandement
temps, que l'Etat dépense un peu moins pour
les administrer et un peu plus pour les rendre productives.

Ceux-là ont l'espoir que le rapporteur du
budget de 1898, complétera l'œuvre utile
entreprise par le rapporteur de 1897. M.
Riotteau, succédant à M. Siegfried, aura

peut-être raison par la force du bon sens,
par la continuité de l'effort, des résistances
administratives et des préjugés parlementaires.

Ainsi soit-il !

M. GERVILLE-RÉACHE

Député de la Guadeloupe

M. GERVILLE-RÉACHE

DÉPUTÉ DE LA GUADELOUPE

M. Gerville-Réache (Gaston) est né le 23 août 1854, à la Pointe-à-Pitre (Guadeloupe).

Homme de couleur, M. Gerville-Réache appartient à une vieille famille républicaine. Il fit ses études au lycée de Versailles, puis occupa pendant quelques mois une double chaire de philosophie et de rhétorique au lycée de Port-au-Prince (Haïti). De retour à Paris, M. Gerville-Réache passa successivement les divers examens de la licence en droit et s'inscrivit au barreau. Il a été appelé à plaider dans d'importants procès, qui ont eu un grand retentissement et parmi lesquels on cite l'affaire de Marie Sauvage, de la Pauline Dulché, de Mlle Baudry Lacantinerie contre la congrégation des sœurs du Bon Secours, l'affaire de fausse-monnaie des frères Laroche, l'affaire des héritiers Dida contre le Russe Vladimiroff, l'assassin de leur mère.

M. Gerville-Réache entra très jeune dans
la politique. Elu pour la première fois député
de l'arrondissement de la Basse-Terre (Guadeloupe) en 1881, il a été réélu en 85, 89 et
1893. Depuis son entrée au parlement, il a été
membre, rapporteur et président d'un grand
nombre de commissions parlementaires et
extraparlementaires. Il a été sans disconti-
nuer, membre de la commission du budget des
exercices 1886 à 1893 et a fait d'importants
rapports pour plusieurs commissions, parmi
lesquels il faut citer ceux qui concernent les
budgets de la marine des exercices 1886,
1889, 1890, 1891, 1894, deux budgets des
Invalides de la marine, et le budget du
ministère des affaires étrangères de 1888.

Il a, en outre, rédigé pour la commission
du budget divers rapports sur des questions
spéciales, notamment celles des sucres, celle
des approvisionnements de la marine et de
l'exposition de Chicago.

Lors des scandales du Panama, M. Gerville-Réache fut l'un des six députés désignés
par la réunion plénière des gauches, pour
dresser la liste des 33 membres de la commission d'enquête et fut, bien que s'étant
récusé avec ses cinq collègues, porté sur

cette liste. Il a été un des vice-présidents de
la commission parlementaire de la marine.

M Gerville-Réache a été rapporteur de la
loi des cadres des officiers de la marine, des
officiers mécaniciens de la marine ; il a été
le rapporteur et l'un des défenseurs de la loi
sur les enfants abandonnés, délaissés ou
maltraités. Au congrès de 1884, à Versailles,
le député de la Guadeloupe fut rapporteur de
la commission de révision des lois constitutionnelles.

A peu près à la même époque, il élaborait
la loi contre les récidivistes qu'il rapporta à
la Chambre.

En 1887, M. Gerville-Réache interpella le
ministère Goblet, lors de l'incident provoqué par les paroles prononcées à la tribune
de Pesth par M. Tisza. Celui-ci, président du
conseil des ministres de Hongrie, avait dit,
on s'en souvient, que les biens et les personnes de ses compatriotes ne seraient pas en
sûreté en France pendant l'Exposition universelle de 1889. Le ministre des affaires
étrangères de France et les événements
donnèrent à ces prédictions calomnieuses un
éclatant démenti.

C'est un ordre du jour de M. Gerville-

3

Réache qui a mis fin à l'interpellation relative à l'incident de Sagallo. Cet ordre du jour, qui donnait à la fois satisfaction à la France et à la Russie, fut voté à l'unanimité par la Chambre.

M. Gerville-Réache préside plusieurs commissions permanentes au ministère de la marine, telles que le comité consultatif des pêches maritimes et le comité des comptes des travaux de la marine, dont la création avait été voté par la commission de réforme de la comptabilité, également présidée par le député de la Basse-Terre.

Enfin, celui-ci est vice-président de la commission supérieure des invalides de la marine et membre de la commission des archives du même ministère; il a présidé le comité et le jury de la classe 77 à l'Exposition universelle de 1889 et siégé à la commission supérieure de l'exposition de Chicago.

Nommé en 1894, membre de la commission d'enquête extra-parlementaire de la marine, il a refusé d'en faire partie, en déclarant que l'heure n'était plus aux enquêtes sur la marine, mais à l'action et à la réalisation des réformes.

Il a été appelé, en 1895, par le gouvernement à faire partie de la grande commission de décentralisation et, en 1896, nommé membre du conseil supérieur de la marine marchande.

Porté par ses collègues à la vice-présidence de la commission des colonies, il a de même été choisi comme vice-président de la commission du budget.

Entré dans la politique sous les auspices de M. Schœlcher, l'un des auteurs de l'abolition de l'esclavage aux colonies, M. Gerville-Réache appartint d'abord à l'extrême gauche, qu'il abandonna, pensant que son programme n'est pas actuellement réalisable. Bien qu'il ait siégé depuis lors à l'Union des gauches, dont il a été l'un des vice-présidents, il a des opinions et des aspirations avancées. Il s'est défini lui-même un radical, qui subordonne ses vues personnelles aux volonté nationales.

A chaque nouvelle élection, le nombre des suffrages exprimés sur son nom à augmenté dans une notable proportion.

M. LE GÉNÉRAL BRIÈRE DE L'ISLE

Ancien Commandant en chef au Tonkin

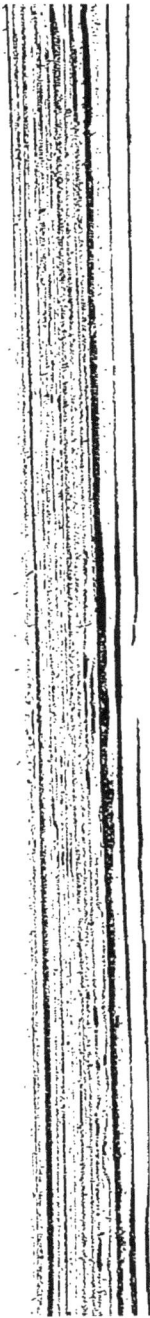

LE GÉNÉRAL BRIÈRE DE L'ISLE

ANCIEN COMMANDANT EN CHEF DE L'INDO-CHINE

Une âme de soldat dans le corps d'un athlète, un vaillant dont le nom a été associé pendant un demi-siècle à toutes nos gloires militaires, qui compte autant d'actions d'éclat que de campagnes et dont les états de service sont une véritable histoire de nos conquêtes coloniales depuis 1852.

Le général Brière de l'Isle, ancien commandant en chef du corps expéditionnaire du Tonkin est mort subitement le 18 juin à Saint-Leu-Taverny, où il habitait depuis 1894.

Il était né le 4 juin 1827 à Saint-Michel-des-Français (Martinique) : il avait 69 ans et avait été maintenu en activité, comme ayant commandé en chef devant l'ennemi.

Entré à St-Cyr en 1846, il en sortit sous-lieutenant au 4e régiment d'infanterie de marine. Lieutenant en 1852 et capitaine en 1856, il fit l'expédition de Chine et d'Indo-

Chine, et fut cité à l'ordre du jour de l'armée le 26 février 1861, pour s'être distingué à la prise des forts de Kihoa. Promu chef de bataillon en 1862 et lieutenant-colonel en 1867, il servit en Cochinchine, de 1866 à 1868, et à la Guadeloupe, en 1869.

De retour en France et nommé colonel le 2 août 1870, il se fit remarquer par sa belle conduite à Sedan, où il fut blessé à la hanche et mis hors de combat, en conduisant au feu le 1ᵉʳ régiment d'infanterie de marine. Prisonnier de guerre par suite de la capitulation du 2 septembre, il resta en captivité jusqu'au 8 mars 1871.

A son retour d'Allemagne, il fut attaché au ministère de la marine comme chef du bureau des troupes de l'infanterie et occupa ce poste jusqu'en 1877, époque à laquelle il fut nommé gouverneur du Sénégal. Le 29 janvier 1881, il était promu général de brigade et deux ans plus tard il était placé à la tête de la première brigade du corps expéditionnaire du Tonkin. Après avoir coopéré aux opérations dirigées par le général Millot, fut, au départ de celui-ci, nommé commandant en chef du corps expéditionnaire. Le général Brière de l'Isle obtint d'abord d'écla-

tants succès, puis survint la retraite de Lang-
Son, au cours de laquelle le général de
Négrier fut blessé.

On n'a pas oublié l'émotion que causa en
France cet événement malheureux et que la
passion politique transforma en véritable
désastre militaire. Le cabinet Ferry fut
renversé à la suite d'un débat émouvant, où
la Chambre perdit tout son sang-froid et où
les ministres, au contraire, acceptèrent, avec
une patriotique abnégation, les plus outra-
geantes apostrophes. Peu s'en fallut qu'ils ne
fussent mis en accusation. Si la proposition
en eût été faite, séance tenante, elle eût
peut-être été votée, tant était grande la
surexcitation des esprits.

Et cependant rien n'était perdu, la paix
était signée avec la Chine, Ferry en avait la
preuve : il n'eût tenu qu'à lui de s'en servir.
Il ne le voulut pas. Certains politiciens, qui,
se sont essayés depuis au rôle d'homme
d'Etat, n'eussent pas résisté à la tentation de
s'excuser en accusant. Ferry, qui était un vrai
homme d'Etat, se refusa à cet expédient indi-
gne de son caractère et il endossa avec une
haute philosophie la responsabilité de fautes
ou d'erreurs qui n'étaient pas les siennes.

A la suite de ces incidents parlementaires, le général Brière de l'Isle fut remplacé dans le commandement en chef par le général de Courcy. Il avait été promu divisionnaire le 3 janvier 1885 et fait grand-officier de la Légion d'honneur après le succès de Bac-Ninh, le 22 avril 1884.

En 1887, il avait été chargé de l'inspection des troupes de la marine. Il avait été ultérieurement décoré de la médaille militaire.

Depuis 1894, il vivait dans une demi-retraite, à Saint Leu-Taverny, entouré de l'affection des siens et de l'estime de ses compagnons d'armes.

M. L'INTENDANT GÉNÉRAL BARATIER

M. L'INTENDANT GÉNÉRAL BARATIER

ANCIEN DIRECTEUR DES SERVICES ADMINISTRATIFS

AU TONKIN

Au cours de sa longue carrière, M. l'intendant général Baratier a pris à l'organisation du Tonkin une part assez large, pendant la période la plus troublée de l'occupation française, il a laissé une trace assez durable de son passage en Indo-Chine, pour qu'il ait une place marquée dans cette *Galerie* ouverte aux collaborateurs de l'œuvre coloniale entreprise par le gouvernement de la République, depuis vingt cinq ans.

M. Baratier (Aristide-Emile-Anatole) est né à Orange (Vaucluse) le 18 juillet 1834. Entré à l'Ecole Polytechnique en 1853, il en est sorti dans l'arme du génie en 1856. Il a fait, comme lieutenant, la campagne d'Italie en 1859 : il assistait aux glorieuses batailles de Magenta et de Solférino, et était promu capitaine l'année suivante (1860).

Trois ans plus tard, il était admis dans le
corps de l'intendance, où il devait se créer
une situation hors de pair par son esprit
d'initiative, son habileté d'organisation, sa
puissance de travail. Dès ses débuts, il se
signala à l'attention de l'armée d'Afrique ;
simple adjoint, il eut la tâche de diriger les
multiples services de l'intendance, pendant
les expéditions nécessitées par l'insurrection
de 1864-1865 : il en fut récompensé par la
croix de Chevalier de la Légion d'honneur, à
31 ans.

La période la plus féconde de sa carrière
s'écoule de 1865 à 1885, pendant laquelle il
franchit successivement les grades intermé-
diaires jusqu'à celui de sous intendant mili-
de 1re classe.

Avant la guerre de 1870, M. Baratier avait
eu le sentiment que l'organisation des services administratifs était loin de ce qu'exi-
geraient l'entrée en campagne, la mise en
marche, le ravitaillement de l'armée sur le
pied de guerre. Ses travaux techniques
témoignent des préoccupations qui l'assié-
geaient, à une époque où la confiance rendait
aveugles le pays et ceux qui le gouvernaient.

Il fit, pendant la funeste guerre de 1870,

son devoir avec l'intelligence que l'on pouvait attendre d'un esprit aussi bien équilibré.
Comme sous intendant de division à l'armée
de Sedan d'abord, puis à la 2ᵉ armée de
Chanzy, il se dépensa pour conjurer la mau-
vaise fortune, autant que sa fonction lui en
donnait le pouvoir. Les braves gens qui
composaient la 2ᵉ division du 21ᵉ corps, les
mobiles et mobilisés de la Sarthe, de la
Mayenne, du Calvados et de la Manche n'ont
pu oublier, et n'ont pas oublié, que si la vic-
toire fut dure et rare, du moins le sous-
intendant Baratier fit des prodiges d'activité
pour qu'à la douleur morale de la retraite ne
s'ajoutât pas la torture des journées sans
pain et des nuits sans feu.

À près la campagne de France, M. Baratier
fut attaché au quartier général du 1ᵉʳ corps
de l'armée de Versailles et promu officier de
la Légion d'honneur, pour service de guerre ;
il avait 37 ans.

A partir de 1871, M. Baratier donne toute
sa mesure. Il fait partie de cette pléiade
d'hommes de premier mérite, qui, à l'exemple
d'un officier de cœur et de talent, le colonel
Fix, se donnèrent la tâche de réveiller dans
l'armée l'amour du travail intellectuel, endor-

mi par une fausse éducation militaire et c
réconforter dans la nation le sentiment d
devoir, en lui enseignant au prix de que
sacrifices pouvait et devait être organisée
défense du territoire. Le cercle des officier
de la rue Bellechasse, fut, dès cette époqu
le centre de ce mouvement réformiste, qui c
là s'épandit à travers la France. M. Barati
fut au premier rang des hommes de foi et c
labeur, qui, par la parole et la plume, par l
conférences, les brochures, les livres, dor
nèrent une impulsion si énergique aux idé
d'où devait sortir la réforme de l'arm
nationale.

Dans un premier ouvrage « *L'Intendan*
militaire pendant la guerre de 1870-71
publié au lendemain de ces tristes évèn
ments, il s'était appliqué à faire justice d
attaques sans mesures dirigées contre
corps par des adversaires plus souciei
d'excuser leurs propres fautes que de reche
cher les vices de tout notre système militair

Ces adversaires, faut-il le dire? il l
rencontra autant, sinon plus, parmi les che
mêmes du corps de l'intendance, que parr
les sommités de l'armée. Le jeune sous-inte
dant de 1871 eut, du moins, la satisfaction

voir, dix ans plus tard, triompher ses doc-
trines en matière d'administration militaire.
La loi de 1882 sur l'administration de l'armée
est, en quelque sorte, la codification des principes que M. Baratier n'avait cessé de préco-
niser et de défendre.

Mais M. Baratier n'a pas été seulement un
théoricien ; c'était, c'est encore un réforma-
teur au sens large du mot. Pendant plus de
vingt cinq ans, il a poursuivi, avec une persévérance jamais lassée, la transformation
rationnelle des services administratifs de
l'armée en vue de la guerre. Il faut avoir lu
son ouvrage principal « *l'art de ravitailler
les grandes armées* » (1873) pour apprécier
l'importance des progrès qui ont été réalisés,
à ce point de vue, depuis la dernière guerre.
Les techniciens savent dans quelle mesure
l'auteur de cet important ouvrage a été l'ini-
tiateur du mouvement réformiste qui devait,
dans la suite, se manifester pratiquement par
l'organisation du service de l'armée, aujour-
d'hui si fortement constitué, et à la réglemen-
tation duquel M. Baratier a d'ailleurs officiellement participé.

Il n'est guère de réforme féconde dans
l'administration militaire que M. Baratier

n'ait préconisée, proposée par ses écrits e
contribué à réaliser. Une étude de 1872 sur
la *Boulangerie de campagne* a préludé aux
recherches qui ont abouti à la création de ce
utile organe. Une brochure de 1874 sur les
« *Impedimenta dans l'armée autrichienne* »
a été le point de départ de l'organisation de
nos trains d'armée. L'ouvrage « *Essai d'ins
truction sur l'alimentation en campagne*
(1875) a fait connaître l'institution des officiers d'approvisionnement, qui a été adoptée
et réglementée quelques années plus tard.

Placé, en 1878, à la tête du service de l'ha-
billement au ministère de la Guerre, M
Baratier, dans le court délai d'une année
réorganisa de fond en comble toutes les parties de cet important service. Quelque:
années plus tard, il devait prendre hardimen
l'initiative d'une réforme radicale de ce même
service dans les corps de troupes, réform
basée sur le principe d'une large décentralisation, et qui a soulevé, au début, des controverses, de la part de ceux-là mêmes qu
aujourd'hui en revendiquent la paternité.

Professeur à l'Ecole supérieure de guerr
de 1882 à 1885 M. Baratier a montré, dan
son enseignement, ce que devaient être le

méthodes d'administration aux armées. De
l'Ecole ses avis se sont répandus au dehors et
ont pris leur forme définitive dans les instructions émanant du ministère de la Guerre.

Nommé, en 1885, au grade d'Intendant
militaire, M. Baratier fut en même temps,
désigné comme directeur des services administratifs du corps expéditionnaire du Tonkin.
Il apporta dans cette tâche difficile toute l'activité intellectuelle dont il était capable; il y
déploya toutes les ressources de son expérience
pour opérer l'approvisionnement régulier
des troupes dispersées dans un vaste péri-
mètre, depuis Haïphong jusqu'à la frontière
de Chine.

C'était une tâche exceptionnellement ardue
d'administrer, à 12.000 milles de France, un
corps d'armée de 35.000 hommes, répartis
sur un territoire immense, d'organiser plus
de 250 places ou postes, de mettre en mouvement des colonnes en tous sens, et cela,
au lendemain même du jour où l'administration de la guerre venait d'être substituée à
celle de la marine, où l'effectif des troupes
avait été doublé, sans que les ressources de
toute nature aient augmenté proportionnelle-
ment.

Mais l'intendant Baratier était bien l'homme d'initiative hardie et de décision prompte qui convenait à cette tâche. Le général de Courcy ne l'avait pas choisi sans le connaître.

En quelques mois, l'administration du corps expéditionnaire fonctionnait régulièrement dans toutes ses parties. Le service des ravitaillements était organisé méthodiquement par l'exploitation des ressources que pouvaient fournir les pays voisins, e sans recourir, sauf à titre exceptionnel, aux envois de la Métropole.

Sans entrer dans tous les détails de cette organisation, il faut signaler la création d service des transports fluviaux par chaloupes, chalands et jonques de rivières, qu fait grand honneur à l'habileté de l'intendant Baratier ; grâce à la constitution d'une flottille spéciale, pouvant remonter le rapides du fleuve Rouge, Lao Kaï put êtr occupée en mars 1886. « C'est à vous, mo cher Intendant, disait publiquement le géné ral Warnet, que nous devons cet importar résultat ».

Il est juste d'associer à ces éloges qui, pou les hommes de devoir, valent les récompen ses les plus éclatantes, les fonctionnaires distingués, qui furent les collaborateurs de l'Intendant du corps expéditionnaire : MM. de la Grandière, Thoumazou Aymard, Burguet, celui-ci, plus spécialement chargé du service important de la batellerie à Haïphong.

Nous ne saurions terminer cette rapide relation de l'expédition du Tonkin, sans rappeler l'opération du ravitaillement de Vinh et de Than-Hoa, dans l'hiver 1885-1886, qui fut effectué, en pleine mousson, dans des conditions les plus audacieuses, par des jonques de mer chinoises, entreprise que le commandant de la division navale avait, dans un rapport officiel, déclarée impossible à tenter. En la tentant, et en y réussissant, l'Intendant Baratier avait mis en action la devise du parfait administrateur en campagne : rendre réalisable et réaliser ce qui paraît impossible.

En juin 1886, la croix de commandeur de la Légion d'honneur fut la récompense de tels services.

Appelé, en 1890, par M. de Freycinet au poste important de directeur des services administratifs au ministère de la guerre, M. l'intendant Baratier y a fait œuvre utile.

4

On doit notamment à son initiative et à sa persévérance la création des Stations-Magasins sur les lignes stratégiques, c'est-à-dire l'organe des ravitaillements des armées en campagne.

Aussi bien, cette question d'alimentation des troupes en campagne a été l'objet constant des préoccupations, des recherches, des études de M. l'intendant Baratier. Dès 1871 il eut l'idée de proposer la fabrication en France des conserves de viande jusque là fournies par l'étranger. Question très complexe qui touche à des intérêts très divers, ceux du trésor public, ceux de l'industrie privée, ceux de l'élevage, ceux de l'armée, et qui ne paraît pas avoir reçu encore une solution satisfaisante, à ces divers points de vue.

C'est pendant le passage de l'intendant Baratier au ministère de la guerre que, sous l'intelligente impulsion de M. de Freycinet, prit naissance le service nouveau du Ravitaillement, c'est à dire l'utilisation méthodique des ressources du territoire national, en vue des besoins de la population civile et militaire des places fortes. Le directeur des services administratifs d'alors eut la mission difficile de réaliser les intentions du ministère.

Nommé intendant général à la fin de 1891,
M. Baratier fut appelé à la direction du service de l'intendance du gouvernement militaire de Paris, sous la haute autorité du
général Saussier. Dans les postes qu'il avait
précédemment occupés, M. Baratier avait
porté son attention sur le recrutement et
l'instruction des fonctionnaires et officier du
cadre auxiliaire dans les services de l'intendance ; mais c'est au gouvernement militaire de Paris qu'il eut plus spécialement
le loisir et le moyen de réaliser certaines
améliorations, toutes morales, que sa connaissance de cœur humain, son expérience
professionnelle lui avaient suggérées. M. l'intendant général Baratier avait le sentiment
que les personnels du cadre permanent,
insuffisants, comme nombre, en temps de
guerre, pouvaient trouver dans le cadre
auxiliaire un concours efficace autant qu'in-
dispensable.

Il s'est appliqué à rapprocher, dès le
temps du paix, ces deux éléments desti-
nés à se compléter l'un par l'autre, à
créer entre eux des liens plus intimes par un
contact plus fréquent, à relever le prestige
des « auxiliaires » en leur accordant plus

de confiance et plus d'autorité, en leur témoignant plus de sympathie.

M. l'intendant général Baratier a pleinement réussi dans l'œuvre de fusion qu'il s'était proposée. La tradition qu'il a établie s'est continuée, grâce à la bienveillance extrême de son éminent successeur dans le gouvernement de Paris, M. l'intendant général Raizon, grâce aussi à l'excellent esprit de confraternité dont sont animés tous les collaborateurs de ces deux chefs suprêmes du service de l'intendance.

Les fonctionnaires et officiers du cadre auxiliaire ont gardé certainement le souvenir reconnaissant des témoignages réitérés de sympathie qui leur ont été prodigués dans ces dernières années par M. Baratier.

Un incident imprévu a abrégé la mission que remplissait de façon si utile M. l'intendant général Baratier dans le gouvernement de Paris. Le 16 novembre 1895, cet officier général a été placé dans la position de disponibilité. Il ne saurait nous convenir de discuter ici l'opportunité de cette décision, qui a produit dans l'armée une vive émotion. Il nous sera permis cependant de dire que si des considérations d'un ordre tout particulier ont paru motiver cette grave mesure, dans l'esprit de ceux qui en ont assumé la responsabilité, rien dans la vie publique ni dans la vie privée de l'intendant général Baratier ne saurait la justifier aux yeux de ceux qui en ont été les témoins attristés. L'armée qui sait quelle a été l'existence laborieuse, simple, probe de cet homme de haute valeur intellectuelle, quels services distingués ont marqué sa longue carrière, lui a conservé sa respectueuse sympathie. Elle attend, avec confiance dans la justice gouvernementale, qu'après une éclipse qui a trop duré, M. l'intendant général Baratier reprenne parmi ses pairs la place que lui assignent l'ancienneté de ses services, sa valeur personnelle et l'intérêt supérieur du pays.

lie ont peut nouveau et à pour mesures,
dans l'esprit de cette loi nouvelle conde
responsabilité, bien que dans le vers à titre
d'un... et... ...
Dans l'état actuelle ... ... et y pour
certs... ... ... ont été ... ...
l'un à présent indique ... ...
pourtant par la, poids ... ... de la a
valeur industrielle, ou ... ...
que... les risques ... longtemps ... ...
correctes ... à ... ...
ainsi... se rendant... ... ...
pourtant ... le ... action sans ... ... qui
dans... et... l'usage... ... ...
répond à l'emploi son juste ... la point qui lui
assigne d'habitude ... ... que
valent en ... ... est ... expres-
sion.

M. LE GÉNÉRAL GALLIÉNI

Gouverneur général de Madagascar

LE GÉNÉRAL GALLIÉNI

GOUVERNEUR GÉNÉRAL DE MADAGASCAR

Vaillant soldat, pacificateur habile, le général Galliéni a à la fois la vigueur d'un chef militaire et l'activité d'un colonisateur perspicace. En l'envoyant à Madagascar, le gouvernement a fait un double acte de prévoyance : il a affirmé sa volonté d'en finir avec les rebelles malgaches et ceux qui les soudoient ou les encouragent ; il a rassuré du même coup les intérêts français, compromis par la politique imprudente du passé.

L'événement a prouvé que le gouvernement a bien placé sa confiance.

Le général Galliéni (Joseph-Simon) est né le 24 avril 1849, à Saint-Béat (Haute-Garonne).

Entré à l'école de Saint-Cyr le 21 octobre 1868, il en sortait sous-lieutenant dans l'infanterie de marine le 15 juillet 1870. Il prit part à la guerre contre l'Allemagne et fut

fait prisonnier à Sedan. Promu lieutenant le
25 avril 1873, capitaine le 22 mars 1878,
commandant le 29 juin 1882, lieutenant-
colonel le 24 juin 1886, colonel le 11 mars
1891, et breveté d'Etat-major, il a été élevé
au grade de général de brigade le 7 août
1896.

Il a été mêlé très activement à toutes les
campagnes d'outre-mer depuis vingt-cinq
ans. Son nom est inscrit à chaque page de
notre histoire coloniale. En 1878, il est au
Sénégal, en 1882 sur le Niger, en 1886 au
Soudan. Samory et Ahmadou ont appris à
leurs dépens ce qu'il en coûte de se mesurer
avec un pareil adversaire ; les populations
soudanaises ont appris par une longue expérience que ce rude soldat a les qualités
morales d'un conducteur d'hommes, et que
s'il sait vaincre il sait aussi rendre la vic-
toire douce aux vaincus.

C'est qu'à l'encontre de certains chefs
militaires, le général Galliéni n'a recours à
la force que là où la force seule est l'*ultima
ratio*.

Il ne donne la parole au canon que lorsque le diplomate avisé qu'il est n'a plus
d'autre argument à son service pour rame-

ner son adversaire à la juste notion du devoir
nécessaire. Il ne fait pas naître les occasions
de guerroyer toujours et quand même à
propos de tout et de rien, pour le seul plaisir de conquérir et la seule satisfaction
d'ajouter, à n'importe quel prix, un galon à
sa casquette ou un ruban à sa boutonnière.
Cette méthode n'est pas la sienne ; il n'en a
usé ni au Soudan, ni au Tonkin.

En Indo-Chine, sous l'impulsion intelligente d'un homme éminent dont il a été le
collaborateur dévoué et dont il est resté
l'ami fidèle, M. de Lanessan, il a été, comme
au Soudan, un pacificateur habile. Il avait
compris que s'il était souvent nécessaire de
donner la chasse aux pirates chinois qui
infestent le Tonkin, il était avant tout expédient de leur barrer la route.

C'est dans cet esprit que, d'après les
instructions de M. de Lanessan, il créa sur
la frontière de Chine toute une série de
blockaus reliés entre eux par des petits postes volants, chargés de surveiller les mouvements des bandes affamées que la misère
plus que l'amour des combats attirait vers le
Tonkin. Il avait compris aussi que pour
réduire les tribus rebelles des régions mon-

tagneuses du Tonkin, il fallait enlever tout
prétexte à leur hostilité, en donnant satisfaction à certaines revendications, justes en
soi. Ces tribus, les Mans, les Thôs, les
Muongs, subissaient avec impatience l'autorité âpre des mandarins tonkinois. Sur les
indications de son chef, M. de Lanessan, le
général Galliéni inaugura à l'égard de ces
populations ce que l'on a appelé la politique
de races. Il leur laissa ou plutôt leur rendi
le droit de choisir elles-mêmes et parm
leurs congénères les chefs de leurs villages
et cantons.

Grâce à ces sages mesures, la frontièr
fut moins ouverte à l'infiltration chinoise e
la région des montagnes devint plus sûre.

C'est cette même politique que le successeur de M. Laroche suit à Madagascar. Ell
doit produire ici, avec le temps, les même
effets que là-bas. Et c'est précisément parc
qu'il l'avait pratiquée avec intelligence e
succès au Tonkin, que le général Galliéni
été choisi, de préférence à tout autre mili
taire, pour inaugurer, à Madagascar, u
régime nouveau, mieux approprié à la situa
tion troublée, que traversait notre grand
colonie de l'Océan Indien.

Le général Galliéni a fort bien compris qu'il avait la double mission, comme le gouvernement avait la double préoccupation, de réduire les rebelles et de rassurer les intérêts.

Ses premiers actes ont indiqué la pensée qui guiderait toute sa politique. Il a rappelé, dès l'abord, à la reine Ranavalo qu'elle régnait non plus sur Madagascar, comme on avait cru habile de le faire croire aux nombreuses peuplades de l'île, mais seulement sur les Hovas confinés dans l'Emyrne.

La Reine n'était pas assez affinée pour saisir la portée de ce premier avertissement. Mal conseillée, elle ne comprit pas davantage que l'exécution de son premier ministre et de son oncle, l'exil de sa tante, la confiscation de leurs biens étaient autant de mesures de rigueur nécessaires, par lesquelles le général Galliéni lui indiquait clairement le sort qui l'attendait elle-même. Ranavalo a été exilée à son tour. C'était fatal.

Entre temps le général Galliéni avait affranchi du joug hova toutes les peuplades qui avaient vu avec stupeur, dès le début, le vainqueur pactiser avec l'oppresseur et le drapeau français s'abaisser sur le passage de la reine des Hovas. Peu à peu, prudemment au fur et à mesure que les modifications étaient possibles, il remplaçait par des chefs autochtones les gouverneurs investis par la reine. L'hégémonie hova est brisée ; la déposition de Ranavalo est le dernier acte de l'évolution politique poursuivie par le général Galliéni, depuis son arrivée à Tananarive.

Fidèle à son programme, le successeur de M. Laroche s'est appliqué à donner confiance aux intérêts français. Il y a réussi autant qu'il était possible et s'il fallait ajouter un témoignage à tous ceux qui nous arrivent de Madagascar depuis un an, il suffirait de citer les paroles réconfortantes que faisait entendre le 3 avril, du haut de la tribune et aux applaudissements de la Chambre entière, M. le Ministre des colonies :

« Comme, je puis le dire, l'unanimité de l'opinion française, le gouvernement approuve pleinement et entièrement la décision prise par le général Galliéni, et j'ai conscience que la Chambre voudra bien lui envoyer les encouragements qu'il mérite dans les circonstances où il se trouve. »

M. LE COMMANDANT TOUTÉE

Explorateur

M. LE COMMANDANT TOUTÉE

EXPLORATEUR

Une intelligence d'élite au service d'une volonté de fer, un caractère, un homme, au sens vrai du mot, tel est le capitaine Toutée, dont le nom souvent évoqué dans ces derniers temps, qu'il le veuille ou non, est associé et plutôt malgré lui, — car c'est un modeste, — aux plus récentes polémiques de la Presse avec *la Royal Niger Company*, notre adversaire de hier, de demain dans la boucle du Niger, et probablement aussi d'après-demain.

M. Toutée, (Georges, Joseph) né à St-Fargeau (Yonne), le 26 février 1855, entré à l'école Polytechnique le 1er octobre 1875, à l'école d'Application de Fontainebleau le 1er octobre 1877, en sortit avec le numéro 2 sur 135 élèves. Dix ans plus tard il était capitaine et chevalier de la Légion d'honneur. Dans ces dix années il avait été breveté d'Etat Major, il avait fait la campagne de Tunisie au 38e régiment d'artillerie (1881), avait

accompagné Paul Bert au Tonkin comme
officier d'ordonnance et avait été attaché à
la maison militaire du Président de la République. Il m'a fallu interroger bien des témoins
pour savoir quel rôle utile il a joué, ici et là,
obscurément et sans bruit, car il a le courage
discret et il tient moins à ce que l'on sache
qu'il est un brave soldat, un brillant officier
et un vaillant explorateur qu'un brave homme
tout court.

Voici une anecdote inédite de son séjour
en Indo-Chine : elle nous éclaire sur un
point d'histoire de la conquête de l'Annam peu connu. Placé auprès du roi
Dong Kanh, en qualité d'aide de camp, il
suivit le souverain de l'Annam qui s'était mis
à la tête d'une colonne militaire, avec l'objec-
tif de pacifier son royaume (1er juin au 15
septembre 1886). Quels procédés l'aide de
camp conseilla-t-il au jeune roi ? Je l'ignore ;
le fait certain est que depuis cette époque où
la seule église de Quangtri contenait 2000
cadavres de chrétiens massacrés par les
insurgés, jamais un coup de fusil n'a été tiré
en Annam.

A quelque temps de là, M. Toutée entre-
prenait une autre expédition, celle-là pure-

ment scientifique. Accompagné du sergent
Doux, que nous retrouverons plus tard dans
une autre partie du monde, il entreprit
l'étude systématique de la chaîne de montagnes de l'Annam qui sépare le bassin de la
mer de Chine de celui de Mékong et la vallée
de Hué de celle de Tourane. Au bout d'un
mois, il rapportait à Hué le tracé des vallées
inférieures de cinq cours d'eau ouvrant
cinq cols dans la région montagneuse
parcourue. Cette campagne d'un mois fut des
plus pénibles et le capitaine Toutée a confié
à ses intimes, de qui nous tenons ces détails,
que c'est pendant cette période de sa carrière
coloniale qu'il a enduré les plus cruelles
souffrances. Un des compagnons du capitaine
Toutée racontait en ces termes, dans une
lettre particulière qui nous a été confiée, les
péripéties de cette périlleuse expédition :

« La pluie tombait avec tant de force et de
continuité que, dès le lendemain de notre
départ, le pain et le riz réduits en bouillie
avaient filtré à travers leurs enveloppes. Des
ruisselets où l'on voyait à peine un filet d'eau
quelques jours avant, roulaient des flots plus
gros que la Seine. Complètement dépourvus
de vivres, nous n'avions pas davantage

d'abris. Les premières pluies des tropiques font naître dans la forêt des myriades de sangsues qui circulent sur toutes les parties vertes des plantes et suceraient jusqu'à la dernière goutte le sang du malheureux qui resterait immobile une demi-heure sur le gazon. Cruellement mordus par les bêtes qui nous happaient durant la marche, nous devions, pour nous garantir du même danger pendant la nuit, chercher un refuge sur les cailloux roulés des torrents. C'est ainsi que nous reposions la nuit, par une pluie battante et continue, juchés chacun sur une pierre le menton dans les genoux, le dos arrondi sous l'orage. Nous ne parlons pas des menus agréments de la journée, ascensions de mille mètres sans guides ni sentiers, rivières torrentueuses traversées à la nage, le tout, le plus souvent à jeûn et avec la perspective de mourir sûrement de faim, si nous rencontrions un fleuve infranchissable à la nage.

« Et quand nous arrivons au bout de ce désert d'ombre et d'herbes mouillées, par où débouchons-nous dans un pays habité ? Sur la haute vallée de Tourane. Les rebelles refoulés par nous de la région côtière s'étaient

réfugiés dans les villages de la contrée supérieure. Ils étaient là plusieurs milliers. Lorsque du haut de la falaise où l'avait conduit
un sentier d'éléphants, notre chef aperçut
les panaches de fumée au-dessus des aigret-
tes des aréquiers, il se retourna vers nous en
disant : « C'est plein de rebelles ici ; ceux
qui veulent s'en retourner d'où nous venons,
sont libres ! »

Vingt cinq minutes après, nous entrions
en maîtres dans le plus grand des villages,
cherchant devant nous la population épou-
vantée, mais ahurie surtout de voir des
Français descendre de la montagne, alors
qu'on les croyait au bord de la mer. »

M. Toutée fut récompensé quelques mois
après cette périlleuse reconnaissance par la
croix de Chevalier de la Légion d'Honneur.

A son retour en France, il fut attaché
à la section technique d'artillerie ; puis le 14
juillet 1887, détaché à l'Elysée comme aide
de camp du général Brugère, il y passa quatre années.

On ne sait pas du tout dans le grand public
en quoi consistent les fonctions d'officier de la
maison militaire du Président de la République. On se figure volontiers que le

Président n'a pas grand chose à faire, que le
secrétaire général de la Présidence l'aide à
ne rien faire et que les aides de camp les
regardent dans leur *far niente.* C'est une
erreur. Le Président est fort occupé. De tous
les coins de la France et du fond des colonies, lui arrivent chaque jour des suppliques,
plaintes, requêtes, ou placets, comme l'on disait
du temps de nos rois ; le mot a changé, l'habitude de s'adresser au chef de l'Etat est restée.
Il faut dépouiller, classer cette volumineuse
correspondance, y répondre. Le Président,
donne des audiences et des diners, voyage,
fait des discours distribue des secours et
des décorations, et pour remplir ces multiples
obligations de sa magistrature, il n'a ni
cour, ni chambellans, ni grands maréchaux du
Palais, il n'a que des aides des camp, des officiers de différentes armes à qui incombe
la tâche compliquée de satisfaire à ces soins
divers et qui, disons le en passant, au risque
de blesser leur modestie, s'en acquittent
avec un tact, une correction, une courtoisie
et une discrétion au-dessus de tout éloge et
par un labeur continu de 14 à 15 heures
par jour. Puis ils savent redevenir soldats,
quand l'heure est venue de passer des études

M. BEAUCHAMP

Gouverneur de la Réunion

silencieuses du cabinet à la vie active des camps ou de la brousse.

Ce fut le cas du capitaine Toutée, qui, au bout de quatre ans, quitta l'Elysée pour prendre le commandement d'une batterie à cheval seule faveur que lui ait valu un si long séjour auprès du chef de l'Etat. Puis, un beau jour, on apprit que le capitaine Toutée partait pour le Dahomey. Les familiers de l'Elysée qui l'y avaient connu et apprécié tombèrent à la renverse à cette nouvelle. Les plus indulgents ne furent pas loin de penser qu'il avait une lésion du cervelet. La vérité plus simple est que M. Delcassé, alors ministre des colonies, avait eu l'heureuse idée de lui confier une mission d'un caractère purement économique sur le moyen Niger. Il s'agissait de reconnaître une voie d'accès au Soudan français par le cours du Niger.

Il est à peine besoin d'ajouter que mille difficultés entravèrent le départ de la mission du capitaine Toutée. Les premières vinrent de la Compagnie Royale du Niger, qui lui refusa le passage à bord de l'un de ses bateaux : le prétexte allégué était que la présence d'un officier français dans la vallée du Niger soumise à l'autorité de la

Chartered pouvait provoquer des complications internationales.

Bref n'étant pas libre de suivre la voie du Niger, le capitaine Toutée prit bravement la route de terre pour rejoindre le fleuve au point où on lui permettrait d'y arriver, sans gêner personne autre que lui-même.

Et il partit, allègrement, plein de confiance, s'étant délivré à lui-même une feuille de route de Paris à Badjibo et passant par où il pourrait. Du coup ses meilleurs amis eurent des craintes sérieuses sur son état mental. Comment pourrait-il traverser des pays soumis à l'Angleterre? Il ne ferait pas un kilomètre au de là du Dahomey sans être arrêté. Pauvre garçon ! quel dommage ! si bien doué ! Enfin ! Il en réchappera peut-être !

Il en est réchappé : il a vu ce qu'il soupçonnait avec quelques autres, à savoir que la Royal Niger Company n'est pas plus à Bossa que les Anglais ne sont à Saye, que les steamers de la Chatered ont leur point terminus à Géba, que Badjibo était si peu occupé qu'il a pu lui-même l'occuper sans coup férir, qu'il y a construit un port, et qu'il l'a baptisé du nom de d'Aremberg, que le Niger était

libre et navigable au delà de Saye. Il a
raconté tout cela dans un livre : *Dahomey-
Niger-Samory* que tout le monde a lu. Ceux
qui voudront connaître les détails de cette
exploration, désormais fameuse tant par l'habileté avec laquelle elle a été conduite que
par les polémiques auxquelles elle a donné
lieu, ceux là liront ou reliront ce livre sincère
et documenté. Cette lecture leur a donné
sans doute l'impression que j'en ai ressentie
moi même et que je résume ainsi : Ce livre
est le récit d'un modeste ; son voyage est l'œuvre d'un homme.

Le retour de M. Toutée s'est accompli
dans les conditions les plus simples, sans
tapage, sans réclame sans discours, sans
médailles commémoratives.

Sa besogne coloniale terminée, le capitaine Toutée devenu chef d'escadrons, a re-
pris sa tâche obscure de soldat discipliné.
Que ses puissants rivaux dorment enfin tran-
quilles : l'artilleur ne navigue plus sur le
Niger, il commande la manœuvre du canon
dans la campagne de Tarbes.

M. DE LAMOTHE

Commissaire général du Congo français

M. DE LAMOTHE

GOUVERNEUR DE 1ʳᵉ CLASSE DES COLONIES

Un journaliste entré dit-on, dans l'administration coloniale, avec l'ambition de devenir un jour gouverneur du Sénégal d'abord, de l'Inde française ensuite — du Sénégal, pour y appliquer ses idées et donner libre cours à son besoin d'activité, de l'Inde, pour y jouir, en fin de carrière, d'un repos relatif, tout en étudiant sur place le fonctionnement du grand empire colonial Indo-Britannique. Il a réalisé la première partie de ce programme et n'a pas été loin de voir de près le pays des Brahmes, la terre promise. Il a beaucoup voyagé beaucoup appris ; la politique des Balkans qu'il a pratiquée comme correspondant du *Temps* lui est familière ; le Canada, les Etats-Unis, les Antilles, les pays barbaresques, qu'il a visités ont peu de secrets pour lui. Ayant beaucoup vu, il raconte volontiers, bien et abondamment. Au demeurant, un homme d'esprit distingué, d'humeur

joviale, d'une activité remuante, d'une bienveillance intermittente et variable, qui n'a
laissé, où il est passé, ni amitiés très chau-
des, ni inimitiés irréductibles.

M. de Lamothe (Henri-Félix) est né à Metz
le 8 août 1843. Après une brillante carrière
dans la presse, où il traitait plus spécialement les questions de politique étrangère et
coloniale, après de longues pérégrinations
à travers le monde, il a éprouvé le besoin de
vérifier, par une expérience personnelle, la
justesse de l'adage bien connu : « Le jour-
nalisme mène à tout ». De solides recom-
mandations lui ont facilité l'accès de l'administration coloniale et, le 26 mars 1886, il
était nommé commandant des îles de Saint-
Pierre et Miquelon, poste qui, l'année suivante, fut érigé en gouvernement de 4ᵉ classe.

Quatre ans plus tard (20 août 1890), il était
élevé à la 3ᵉ classe et envoyé au Sénégal, en
remplacement de M. Clément Thomas.

Si M. de Lamothe n'a pas sollicité le gouvernement du Sénégal, le Sous-Secrétaire
d'Etat qui le lui a donné, M. Etienne, a eu la
prescience qu'il comblait le vœu le plus
cher du nouveau gouverneur. Prendre rang
sur la liste chronologique des gouverneurs

du Sénégal après des hommes de guerre
comme le général Faidherbe, le général
Brière de l'Isle, l'amiral Jauréguiberry, est
un honneur dont le plus modeste serait fier.

M. de Lamothe avait déjà séjourné près
de quatre années au Sénégal (de 1867 à 1871)
alors qu'il servait dans l'infanterie de marine.
Longtemps détaché dans des postes de l'intérieur, il s'était vivement intéressé aux questions indigènes et avait appris à connaître
les mœurs et les tendances de ses futurs
administrés. Il revint, comme gouverneur,
avec un programme très arrêté et se mit
immédiatement à la besogne. Il est permis
d'espérer qu'il aura laissé des traces de son
passage. La soumission des Toucouleurs
du Fouta Central, l'organisation des pays
de Protectorat, la création des budgets régio-
naux, la réouverture de l'école des fils de
chefs supprimée en 1871, de nombreuses
améliorations matérielles et des travaux
publics importants dans les pays protégés
et en territoire d'administration directe for-
ment le bilan fort présentable de ses cinq
années d'administration, période dont la
durée n'a été dépassée, depuis 1817, que par
quatre de ses prédécesseurs. Plusieurs de

ses conceptions ont suscité et suscitent
encore une vive opposition, mais, en fait, la
politique qu'il a inaugurée ou suivie, au point
de vue des affaires indigènes, n'a pas été sen-
siblement modifiée depuis son départ.

Une autre question, plus controversée
encore, a tenu une grande place dans les
préoccupations de M. de Lamothe, c'est celle
de l'Unité territoriale de nos possessions de
de la côte Occidentale d'Afrique. En débar-
quant à St-Louis, il avait trouvé l'autono-
mie des Rivières du Sud établie de fait, par
un décret qui laissait toutefois subsister
un lien de subordination théorique entre
l'ancienne dépendance et le gouvernement
de St-Louis. Un an plus tard, ce dernier lien
fut rompu et les Rivières du Sud devinrent
une colonie absolument distincte sous le nom
de « Guinée française ». Puis ce fut le Soudan qui, après avoir franchi, à peu près, les
mêmes étapes, fut érigé, à la fin de 1893, en
gouvernement séparé. Le gouvernement du
Sénégal n'avait cessé de protester contre ces
morcellements. Tout en admettant la plus
large décentralisation administrative, il voyait
ou croyait voir dans la séparation absolue
une source inépuisable de conflits qu

l'administration centrale serait dans l'impuissance de prévenir et souvent même de réprimer. Les conflits ne manquèrent pas de se produire et M. de Lamothe fit les plus vigoureux efforts pour faire prévaloir à Paris sa conception théorique de l'Unité de Direction politique sur place, au profit du gouverneur de St-Louis. Rendons-lui cette justice, il ne se faisait aucune illusion —, sa dernière allocution au conseil général du Sénégal en fait foi — sur les conséquences que devait avoir pour lui-même le triomphe de sa thèse. Il savait qu'une situation nouvelle exigerait des hommes nouveaux. Il s'effaça donc de bonne grâce, quand M. Chautemps se résolut brusquement, en juin 1895, à créer le gouvernement général de l'Afrique Occidentale française, et c'est M. Chaudié qui fut choisi pour inaugurer le nouveau régime. L'avenir dira ce que vaut cette conception politique.

Comme compensation, M. de Lamothe, gouverneur de 2ᵉ classe depuis le mois de novembre 1892, fut élevé à la 1ʳᵉ classe ; mais, du même coup, sous couvert d'un « appel à son dévouement », on l'expédiait à la Guyane, avec une mission qu'on lu

assurait devoir être essentiellement tempo-
raire. Il s'agissait, avec la collaboration d'une
commission mixte, qui devait être formée à
très bref délai, d'assurer le fonctionnemen
d'un « modus vivendi » aussi équitable que
possible dans le territoire contesté franco-
brésilien, en attendant les résultats de l'arbi
trage admis « en principe »,au lendemain de
la très fâcheuse affaire de Mapa.

Malheureusement, M. de Lamothe, malgré
son ardent désir de régler la question au
mieux des intérêts de la Guyane, dut se rési-
gner à attendre la commission mixte ou des
instructions précises, qui ne venaient pas, et
à adresser à Paris des dépêches qui restaien
sans réponse. Il ressentit quelque humeur
et, bientôt, placé entre les impatiences de
ses administrés et l'indifférence diplomatique
de son gouvernement, il réclama énergique-
ment son rappel qui ne lui fut accordé qu'au
mois de mai 1896.

Après un an de congé, il a été nommé
délégué du Ministre des Colonies à la
commission chargée de préparer le mémoir
du gouvernement français sur cette éternell
question du contesté Guyanais. Du trair
dont marchent les négociations depuis l

traité d'Utrecht, il pourrait aisément attendre
et atteindre dans cette position l'âge de la
retraite ; mais nous serions bien étonné si
ce nomade impénitent ne décrochait pas
quelque jour une nouvelle destination coloniale... à Pondichery ou ailleurs. (1) Comme
fiche de colonisation, ou pour lui faire prendre
patience, le Ministre des Colonies lui a conféré
la rosette d'officier de la Légion d'Honneur
le 14 juillet 1897.

---

(1) Par décret du 1er octobre 1897, M. de Lamothe a
été nommé Commissaire Général du Congo français.

M. BEAUCHAMP

Ancien élève de l'Ecole Polytechnique, ancien officier d'artillerie, M. Beauchamp, entré tard dans l'administration coloniale, y a fait une rapide carrière, porté par les circonstances bien plus que poussé par sa propre ambition. Il est arrivé haut sans l'avoir voulu, peut-être même un peu malgré lui.

M. Beauchamp (Laurent-Marie-Emile), né le 1er avril 1838, est entré à l'Ecole Polytechnique en 1858 et à l'Ecole d'application en 1860. Il en est sorti dans l'artillerie de marine et a pris part, dès l'année suivante, à l'expédition du Mexique ; il fut gravement blessé au siège de Puebla et décoré à cette occasion : il avait 25 ans.

Démissionnaire en 1868, il rentra dans l'armée active, pendant la guerre de 1870, comme capitaine d'artillerie et fut promu au grade d'officier de la Légion d'honneur, à la suite de la campagne.

Après la guerre, M. Beauchamp s'occupa d'industrie. En 1884, des amitiés puissantes lui facilitèrent l'accès des colonies : il fut nommé chef de bureau de l'administration pénitentiaire de la Guyane et en 1886, sous-directeur. A ce titre, il a fait, pendant deux ans, l'intérim de directeur et a eu la charge de préparer l'installation des premiers convois de relégués. Il s'acquitta de cette tâche difficile avec une grande énergie.

Durant son séjour à la Guyane, il a fait des efforts, malheureusement stériles, pour doter les colonies d'un chemin de fer reliant Cayenne à Kourou. M. Beauchamp proposait de faire exécuter cette ligne par la main d'œuvre pénale ; c'était une excellente occasion d'exécuter la loi en astreignant les condamnés à un travail utile. Le projet n'eut pas de suite ; il y a de cela dix ans ; il doit être oublié.

En 1888, M. Beauchamp fut nommé résident de 1re classe au Tonkin. Il a, en cette qualité, été placé à la tête des provinces importantes de Hang-Yen, de Sontay ; en dernier lieu, il était résident-maire d'Hanoï. prit ses fonctions d'édile à cœur : il ne tint pas à lui qu'Hanoï ne devint une grande

belle ville. Il a du moins contribué, autant
qu'il était en son pouvoir, à l'embellir et à
l'assainir. On lui doit notamment la route
circulaire du petit lac d'Hanoï, le Longchamp
de là-bas.

En 1894, M. Beauchamp a été nommé gouverneur des îles de Saint-Pierre-Miquelon.
Il y aurait certainement laissé des traces de
son activité administrative comme au Tonkin ; mais le climat rigoureux de Saint-
Pierre l'éprouva durement et faillit lui coûter
la vie. Il eut néanmoins l'énergie de se refu-
ser à rentrer en France immédiatement.

A son retour, au commencement de l'année 1896, il a été nommé gouverneur de
3ᵉ classe et désigné pour la Réunion.

De grandes difficultés l'attendaient dans
cette colonie qui traverse une crise économique très grave. M. Beauchamp les
résoudra-t-il ? Il le tentera du moins ; il a
assez de droiture et de dévouement à la
chose publique pour y réussir, si la droiture
et le dévouement pouvaient suffire. Il est de
ceux qui pensent que l'on n'est bon gouverneur qu'à la condition de faire de l'administration et non pas de la politique.

Excellente maxime, mais combien difficile

6

à suivre. Il a le légendaire gant de velours qui cache la main de fer. Il était parti pour Saint-Denis avec l'espoir de satisfaire les plus puissants à force de bienveillance, et de lasser les plus ardents par sa fermeté.

Il a peut-être satisfait ceux-là ; il ne paraît pas qu'il ait calmé ceux-ci.

M. JEAN BAYOL

Gouverneur des Colonies honoraire

M. JEAN BAYOL

ANCIEN GOUVERNEUR DES COLONIES

Encore dans la force de l'âge, vigoureux,
trapu, M. Bayol est, depuis quatre ans passés,
rentré dans la retraite. La carrière coloniale
est recherchée à ce point que le gouvernement, pour utiliser tous les concours, est
obligé de faire des loisirs à ses fonctionnaires,
les meilleurs et les plus valides. Excellent
argument contre ceux qui prétendent qu'en
France personne ne veut aller aux colonies;
mais médiocre argument à l'usage de ceux
qui voudraient laisser *the right man in the
right place.*

M. Bayol (Jean) est né à Eyguières (Bou-
ches-du-Rhône) le 24 décembre 1849.

Il fit de brillantes études au lycée de Nîmes,
dont il fut un des lauréats au concours général
et entra dans le corps de santé de la marine.
Il fut nommé médecin de 3ᵉ classe, le 4
novembre 1869 et fit ses premières campagnes à bord du *Montcalm,* du *Rochambeau,*

du *Limier*. Il fit, en qualité de chirurgien de 2ᵉ classe, partie de la croisière sur la côte occidentale d'Afrique ; embarqué sur le *Vénus* portant le pavillon de l'amiral Ribourt (1875-1877), il prit une part très active aux opérations de guerre qui eurent le Gabon pour théâtre en 1876 ; il reçut, à cette occasion, deux témoignages officiels de satisfaction pour actes de bravoure.

Il servit quelque temps sur la *Flore*, frégate-école des aspirants, sous les ordres de l'amiral Pierre et fut envoyé au Sénégal comme médecin de 1ʳᵉ classe en février 1879, au moment où une violente épidémie de fièvre jaune faisait de cruels ravages parmi les Européens.

L'année suivante, M. Bayol, nommé résident à Bamakou, fut adjoint à la mission du capitaine Galliéni dans le Haut-Niger, mission dont le commandement devait lui échoir en cas de décès de son chef. On sait quels incidents graves marquèrent cette mission qui devint, par la force des choses, une véritable expédition ; combat de Dio, massacre du convoi, M. Bayol partagea tous les dangers jusqu'au jour où le capitaine Galliéni le chargea de rentrer au Sénégal, porteur des traités conclus par la mission. En récompense de ses éclatants services, il fut nommé chevalier de la Légion d'honneur, le 1er août 1880.

En 1881, M. Bayol, qui venait de donner la preuve de son habileté aux côtés du capitaine Galliéni, fut chargé lui-même d'une mission dans le Fouta-Djallon, qu'il eut l'heureuse fortune de placer sous le protectorat de la France le 14 juillet ; par la suite il étendit ce protectorat successivement sur tous les pays du Bambouck, séparant la Gambie du Sénégal. En 1882, M. Bayol, dont l'activité est infatigable, poursuivait, au cours d'une nouvelle mission dans le Haut-Niger, la politique qui lui avait donné de si heureux résultats au Fouta-Djallon ; il signa de nombreux traités plaçant sous le protectorat français le Bélédougou, les pays de Dompa, de Mourdia.

Nommé lieutenant-gouverneur, le 12 octobre 1883, il fit montre du zèle le plus louable dans les Rivières du Sud, en luttant avec succès contre l'influence anglaise, en pacifiant les territoires de Rio-Nunez et de la Mellacorée, enfin en faisant reconnaître les principales rivières de la région, le Rio-

Pongo, la Kakrima, etc. Le gouvernement sut apprécier les services de M. Bayol et il le récompensa en lui confiant l'administration des pays où venait exercer si utilement son habileté : M. Bayol fut nommé, en 1885, lieutenant-gouverneur des Rivières du Sud du Sénégal, avec autorité directe sur les établissements français de la Côte d'Ivoire, de la Côte d'Or et du Bénin. Il eut, pendant un séjour de deux années, à assurer la pacification de la colonie de la Côte d'Ivoire contre les agressions des Egbas.

En 1887, M. Bayol, chargé d'une mission au Dahomey, recueillit de précieuses indications sur le pays, où tout indiquait déjà qu'une intervention armée deviendrait nécessaire et fit notamment reconnaître la rivière Ouémé,

En 1889, il fut désigné comme plénipotentiaire à la commission de délimitation de la Côte Occidentale d'Afrique, qui prépara les éléments d'un traité avec l'Angleterre. Le 14 juillet de la même année, il fut promu officier de la Légion d'honneur et envoyé d'urgence au Dahomey, avec une mission dont on n'a oublié ni la gravité, ni les cruelles péripéties. M. Bayol fit à Abomey un séjour forcé, qui ne fut pas exempt de périls et dont les souffrances morales dépassèrent tout ce que l'on peut imaginer.

Il faut entendre le héros de ces douloureuses aventures conter les massacres auxquels le despote sanguinaire du Dahomey, par un raffinement de cruauté stupide, fit assister M. Bayol et ses compagnons. Rien de plus poignant que ce récit, qui est une véritable page d'histoire ; rien de plus répugnant que ces actes de sauvagerie qui ont été le prélude de la guerre contre Béhanzin.

Mais tant de fatigues, tant de souffrances avaient porté une grave atteinte à la santé de M. Bayol qui dut s'embarquer, le 5 avril 1890, à destination de la France. Nommé gouverneur de 3ᵉ classe, il fut admis à la retraite et nommé gouverneur honoraire le 7 janvier 1892.

Il avait exactement 42 ans et quelques jours. Il est permis de penser que l'heure du repos a sonné prématurément pour ce fonctionnaire, qui pouvait alors, et, peut encore aujourd'hui, consacrer de longues années au service de son pays.

Que sa retraite soit définitive ou non, M. Bayol est de ceux dont on peut dire avec certitude qu'il a été un devoué et intelligent serviteur de la cause coloniale. Son nom restera associé à l'œuvre d'expansion de la France sur le Haut-Niger et sur la Côte Occidentale de l'Afrique française.

M. FEILLET

Gouverneur de la Nouvelle Calédonie

M. FEILLET

GOUVERNEUR DE LA NOUVELLE-CALÉDONIE
ET DÉPENDANCES

Un fervent de la cause coloniale, qui l'a servie avec dévouement et qui en a été récompensé. Le fait mérite d'être cité. Un gouverneur qui s'est quelque peu préparé à ses fonctions par l'étude de la colonisation, ce qui n'est pas le cas de tous ses collègues.

M. Feillet (Paul-Théodore-Ernest-Marie) est né à Paris, le 4 avril 1857. Il fut d'abord attaché au cabinet du ministre de l'Intérieur, M. Goblet, en février 1882, puis nommé chef de cabinet du préfet de la Seine, en novembre de la même année. Il occupa ce poste pendant cinq ans et sut utiliser les quelques loisirs que lui laissait sa situation officielle à étudier notre histoire coloniale. Il ne se borna pas à des recherches purement scientifiques : il prit intérêt aux œuvres de colonisation pratique qui commençaient à être entreprises par l'initiative privée. Il fut un

des collaborateurs assidus et studieux de la
Société française de colonisation, qui venait
d'être fondée et dont il avait compris l'importance, surtout au point de vue de la pro-
pagande des idées coloniales. Peut-être le
gouverneur d'aujourd'hui a-t-il un peu oublié que l'ancien chef de cabinet du préfet de
la Seine fut, de 1883 à 1887, membre du
conseil d'administration de cette association
philanthropique, on pourrait ajouter patriotique, si l'on veut bien se rappeler quel rôle
actif et désintéressé la Société française de
colonisation fut amenée à jouer, pour la défense des intérêts français dans l'océan
Pacifique, que menaçait alors l'influence des
missionnaires presbytériens de l'Australie

Nommé sous-préfet de 1re classe à Dun-
kerque, le 30 décembre 1887, M. Feillet fu
transféré pour ordre, le 20 juin 1888, à Rion
et, le 26 juin il entra dans l'administration
coloniale, comme directeur de l'intérieur à
la Guadeloupe. Pendant son séjour à la Gua
deloupe, M. Feillet donna la preuve de son
esprit laborieux et conciliant. Quelque soin
qu'il mît à ne pas se mêler aux querelles
locales, il ne peut cependant s'y soustraire
complètement. A la suite d'un incident d

séance au Conseil général, il fut provoqué en duel au *fusil* par un membre de l'Assemblée locale, dont le nom rappelle celui de l'adversaire éloquent de Catilina. M. Feillet accepta le défi, si *américain* que pût lui sembler ce mode de combat, et fut grièvement blessé.

Nommé chevalier de la Légion d'honneur le 27 décembre 1889, il fut, un an après (31 janvier 1891) promu gouverneur de 4ᵉ classe aux îles Saint-Pierre et Miquelon. Il fit, en cette qualité, de louables efforts pour ouvrir le marché de Saint-Pierre aux produits de l'industrie métropolitaine.

Par décret du 21 avril 1894, M. Feillet fut placé à la tête du gouvernement de la Nouvelle-Calédonie et dépendances ; il a été élevé à la 3ᵉ classe de son grade, le 1ᵉʳ janvier 1896. Depuis son arrivée à Nouméa, il s'est appliqué, avec un soin tout particulier, à favoriser le développement de la colonisation libre, à résoudre la question du domaine local, pendante depuis de longues années. Il est de ceux qui comprennent que le moment approche de débarrasser le sol de la Nouvelle-Calédonie de la transportation qui gêne l'essor de la colonisation par le peuplement

européen. Il n'est pas probable qu'il ait la
satisfaction de résoudre cette difficile question. Il faut lui savoir gré de l'avoir hardiment posée.

Il a eu de violents démêlés avec le conseil
général de la colonie : ce n'est pas ici le cas
de rechercher de quel côté était le bon droit.
Il faut laisser le temps faire son œuvre, c'est
le grand guérisseur et le souverain pacificateur.

M. ALFRED MARTINEAU

Directeur de l'Intérieur en Nouvelle Calédonie

M. MARTINEAU

ANCIEN DÉPUTÉ, DIRECTEUR DE L'INTÉRIEUR
EN NOUVELLE-CALÉDONIE

Ancien élève de l'Ecole des Chartes, c'est-à-dire studieux et chercheur, égaré dans la politique, où il ne s'est pas attardé, l'ancien député de Paris s'est adonné aux études coloniales, comme le pouvait et le devait faire un esprit ouvert à toutes les idées généreuses.

M. Martineau (Alfred) est né à Artins (Loir-et-Cher), le 18 décembre 1859. En sortant de l'Ecole des Chartes, avec le diplôme d'archiviste paléographe et de licencié en droit, il se fit inscrire au barreau de Paris. Il donna tous ses soins au développement de l'Union de la jeunesse républicaine, dont il devint vice-président en 1884 et président en 1887. Il fonda plus tard la Ligue d'action républicaine, dont il fut le secrétaire général. Aux élections de 1889, il fut élu député du XIXe arrondissement de Paris, sur un pro-

gramme dont le premier article était la révision par une Constituante. Pendant la
législature de 1889-1893, il s'occupa activement de politique coloniale et prononça
plusieurs discours sur la question du Soudan
qui fut, pendant cette période, un sujet
fréquent de controverses ardentes à la tribune
du Parlement et dans la presse. M. Martineau
prit hardiment parti contre les expéditions
militaires. Peut-être ceux qui se déclaraient
alors et sont restés apôtres de cette politique
onéreuse et stérile ne lui ont-ils pas encore
pardonné ses courageux discours de 1892 et
1893.

Aux élections de septembre 1893, M.
Martineau ne se représenta pas. Il se consacra
alors tout entier à l'étude des questions coloniales et fut investi par les électeurs de
Nossi-Bé du mandat de délégué au Conseil
supérieur des colonies.

Quelques mois après, le Gouvernement
lui confia une mission à Madagascar, d'où il
rapporta les éléments d'un livre ayant pour
titre *Madagascar* et qui a obtenu un vif e
légitime succès.

Dans cette étude consciencieuse, l'auteur
s'est donné la tâche :

1º D'examiner la politique que nous avons suivie depuis 1882, époque à laquelle ont commencé nos difficultés avec la cour d'Émirne ;

2º D'étudier l'esprit des Malgaches, leur tempérament, leur organisation politique, leurs institutions, leur armée ;

3º D'apprécier les différentes influences qui peuvent gêner notre action ou la servir;

4º De supputer le profit que les intérêts français peuvent tirer de la possession définitive de l'île.

Il faut rendre à M. Martineau le témoignage qu'il a rempli ce programme avec la visible préoccupation de dire la vérité et d'éclairer l'opinion publique sur les mérites réels de la grande île africaine.

Il semblait que le bon sens désignât M. Martineau pour l'un des postes administratifs que le gouvernement a créés à Madagascar.

Il avait l'expérience acquise, la foi vive dans le succès de l'œuvre entreprise, la jeunesse, la santé, l'intelligence, la volonté de réussir. Le gouvernement en a jugé autrement ; il a craint, a-t-on dit, que M. Martineau ait des « idées préconçues ». C'est bien quelque chose d'avoir des idées, fussent-elles préconçues ; il paraît que ce n'est pas toujours un titre à la faveur gouvernementale.

M. Martineau a été nommé directeur de l'intérieur à Nouméa en juin 1896.

C'est un stage préparatoire à de plus hautes fonctions.

M. Martineau est jeune ; il aperçoit la quarantaine. Il a de longs espoirs.

M. CHAMBERLAIN

Ministre des Colonies en Angleterre

M. CHAMBERLAIN

MINISTRE DES COLONIES EN ANGLETERRE

L'habileté de certains hommes d'Etat, comme la stratégie de certains généraux, consiste à profiter des fautes de leurs adversaires. M. Chamberlain doit sa fortune politique à son énergie, qui est exceptionnelle, à son intelligence qui est vive, mais aussi beaucoup au talent avec lequel il a su évoluer au milieu des partis. Elève de Gladstone, il est devenu ministre influent de lord Salisbury. Entre le point de départ et le point d'arrivée, quelle distance !

M. Joseph Chamberlain est né à Londres en 1836. Fils de négociant, il fit de brillantes études, le plus sûr moyen de faire de brillantes affaires. Il en fit une excellente, en créant à Birmingham une fabrique de boutons, qui prit en peu de temps une extension considérable. L'industriel actif qu'il était trouva aussi le temps de s'occuper de politique : il fréquenta assidûment les réunions

8

publiques et s'y fit remarquer bien vite par sa faconde et ses opinions ultra-radicales.

En 1868, il s'était déjà mis en lumière et fut élu président de la « National Education League » de Birmingham, en même temps qu'il entrait dans l'administration communale de cette ville.

En 1874, M. Chamberlain crut le moment venu de se présenter aux suffrages de ses compatriotes, lors des élections pour la Chambre des communes. Il échoua, malgré un programme très hardi — peut-être à cause de cela — mais avec une minorité respectable. Il eut la consolation d'être élu maire de sa ville. C'était une nouvelle étape vers le mandat législatif ; en 1876 il fut élu. Vers cette époque survint la mort de son père, qui le mit à la tête d'une grosse fortune.

A la Chambre, M. Chamberlain se cantonna d'abord dans les questions économiques et sociales. Il fit une vive campagne pour la répression de l'alcoolisme, pour la création de l'instruction laïque, gratuite et obligatoire et l'établissement du suffrage universel. Il attaqua aussi avec une grande vigueur les privilèges de l'Eglise anglicane. En 1880, il arriva pour la première fois au pouvoir comme ministre du commerce (Board of trade), dans le cabinet Gladstone.

Il entreprit alors de fonder, au sein du Parlement, un groupe radical de gouvernement, qui devait marcher sous la bannière de M. Gladstone. Il avait inscrit à son programme la laïcité et la gratuité de l'enseignement, la création de bibliothèques populaires, la construction par les municipalités de cités ouvrières, la réforme de l'assiette de l'impôt en vue de l'extension de la petite propriété.

M. Chamberlain redevint simple député à la chute du cabinet Gladstone, pour rentrer avec lui au pouvoir, en 1886. Mais il quitta volontairement le ministère, en dissentiment avec son chef sur la question du *home rule* irlandais. C'est sa propre opposition acharnée à ce bill qui amena même la chute du ministère.

Cette évolution de M. Chamberlain causa une vive indignation dans le parti libéral anglais. Ces protestations n'étaient point pour le gêner ; il s'était tracé une voie et assigné un but ; il alla jusqu'au bout et on le vit, à quelque temps de là, s'associer à lord Randolph Churchill, pour fonder le neo-torysme démocratique, parti des libéraux unionnistes qui vote constamment avec les conservateurs.

En 1886, M. Chamberlain fut chargé par le gouvernement d'une mission aux Etats-Unis. Il devait arriver à la conclusion d'une entente relativement aux pêcheries dans les eaux du Canada. Cette mission échoua ; mais M. Chamberlain, qui sait mener de front les choses de la politique et de l'amour, gagna le cœur d'une jeune américaine miss Endicott, de Washington, qu'il épousa.

M. Chamberlain est aujourd'hui le collaborateur de lord Salisbury. Il s'est surtout distingué dans l'arrangement de la délicate affaire de Jameson, où il a su admirablement ménager le chou britannique et la chèvre européenne. Il a manœuvré assez habilement pour rassurer l'Europe, sans froisser les jingoïstes. Il en a tiré une popularité dont l'éclat a fait pâlir, un instant, l'astre brillant de lord Salisbury.

Dans ses négociations avec la France, M. Chamberlain a l'occasion de prouver qu'il a la souplesse diplomatique qui convient à la situation actuelle. Il y a entre les Cabinets de Londres et de Paris bien des difficultés pendantes, au point de vue colonial, la

question du Niger, la question du Pacifique,
sans parler de l'Egypte qui est d'ordre Européen. Il est visible que lord Salisbury incline
à résoudre quelques unes de ces difficultés.

L'attitude de son Ministre des Colonies
peut l'y aider ou, au contraire, l'entraver,
suivant que les agents anglais reçoivent de
Londres des instructions dans un sens ou
dans l'autre. Rien n'autorise encore à penser
sérieusement que M. Chamberlain soit dis-
posé à faire obstacle à une politique conci-
liante.

M. Chamberlain est un orateur clair, vif,
alerte, très habile à porter à ses adversaires
les coups les plus rudes ; il a un peu la
manière de M. Clémenceau ; il a l'éloquence
vibrante et chaude des grands orateurs parlementaires. Il est, par ailleurs, un écrivain
de talent, dont les études dans la *Forting htly
Review* ont été remarquées.

Au total une physionomie originale, un
tempérament particulier, un homme d'Etat
qui sait ce qu'il veut.

SIR EDMOND MONSON

Ambassadeur d'Angleterre à Paris

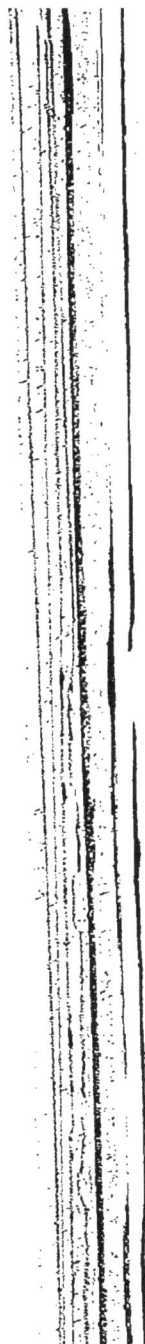

SIR EDMUND JOHN MONSON

AMBASSADEUR D'ANGLETERRE EN FRANCE

Le successeur de lord Dufferin à l'ambassade d'Angleterre à Paris, Sir Edmund John Monson, est un diplomate de carrière. Sixième fils du baron Monson, il a fait ses études à l'Université d'Oxford, où il obtint la plus haute distinction universitaire et d'où il sortit, en 1855, avec le titre de maître ès-arts. Trois ans plus tard il obtint celui de Fellow du collège d'All Souls.

Il entra dans la diplomatie, en mars 1856, et fut attaché d'abord à l'ambassade de Paris, puis, en 1858, à celle de Florence. Il revint en quelques mois à Paris, puis transféré à Washington il fut jusqu'en 1863 le secrétaire de lord Lyons. Après un séjour de deux années à Hanovre, comme attaché, il renonça en 1865 à la diplomatie, pour solliciter — sans succès d'ailleurs — les suffrages des électeurs de Reigate; il y rentra en 1869, comme consul aux Açores; envoyé en

Hongrie, en 1871, avec le rang de consul général, il prit, en 1874, rang à l'ambassade de Vienne, comme second secrétaire. De là il passa agent diplomatique au Monténégro, de février 1876 à mai 1877 et fut fait compagnon de l'ordre du Bain en janvier 1878. L'année suivante il fut nommé ministre résident et consul général dans la République de l'Uruguay (juin 1879).

En 1884 il était nommé ministre plénipotentiaire et envoyé extraordinaire dans la République Argentine, et simultanément au Paraguay.

Puis il fut successivement placé à la tête des légations de Danemark, de Suède (1888) et de Belgique (1892).

Chevalier-commandeur de Saint-Michel et Saint-Georges en mars 1886, il a été élevé au rang de grand-croix de Saint-Michel, en août 1892 et à celui de grand croix du Bain en 1896.

Nommé ambassadeur à Vienne, en juillet 1893, et membre du conseil privé de la Reine à la même époque, il a succédé à Paris à lord Dufferin, en juin 1896.

Sir Edmund Monson a le juste sentiment de la tâche délicate qui lui a été confiée. Il

est de ceux qui pensent que l'heure a sonné
de mettre un terme aux malentendus que
l'ambition turbulente de certains nationaux
de la Grande-Bretagne a fait naître entre les
deux nations.

Il fait mieux que de le penser, il le dit. Il a
prononcé naguère au banquet de la Chambre du commerce britannique un discours
où il exprime cette pensée en termes élevés :

« Il m'est impossible, disait-il, de décou-
vrir la raison pour laquelle « l'entente cordiale », dont nous parlions tant, il y a une
quarantaine d'années, ne serait pas renouvelée et rendue plus durable qu'elle ne fut
alors. Je crois que, si elle était renouvelée,
elle serait certainement plus durable, car
elle ne serait pas fondée sur une simple confraternité d'armes, si puissante et si admirable soit-elle, mais sur une base plus noble
encore et plus solide : sur les instincts généreux de deux peuples hautement civilisés,
qui ont découvert que leurs intérêts sont
bien plus identiques que cela n'a été dit par
des politiciens mal inspirés, et qui ont appris
que la pire politique pour ces intérêts est
une politique de défiance et de soupçon ; que,

si elles se laissent influencer par la jalousie et l'égoïsme, non seulement leurs intérêts particuliers, mais ceux de toute la chrétienté, souffrent et sont en danger et que pour reprendre un vieux lieu commun : le monde est assez grand pour les deux. »

Cette déclaration a produit grande impression dans le monde politique ; elle a été longuement commentée. Il ne semble pas qu'elle puisse être diversement interprétée. Elle est aussi claire que possible. Elle a de plus une haute portée. Personne n'a pu croire que sir Edmund Monson se fût risqué à tenir un pareil langage, s'il n'avait eu, par avance, l'assurance qu'il ne serait pas désavoué par son gouvernement. Il ne l'a pas été et les tendances qui se manifestent en haut lieu, depuis quelques mois, donnent à penser que l'ambassadeur d'Angleterre a fidèlement traduit les sentiments de son gouvernement et les aspirations de la partie éclairée du peuple anglais.

M. STANHOPE

Députe à la Chambre des Communes

H. PHILIP STANHOPE

DÉPUTÉ A LA CHAMBRE DES COMMUNES

Un Anglais qui aime la France par tradition de famille et prêche d'exemple pour cimenter l'entente des deux grandes nations de l'Europe occidentale, dans leur intérêt réciproque.

L'honorable Philip Stanhope est le quatrième fils du comte Stanhope, l'éminent historien qui fut membre correspondant de l'Institut et entretint un commerce d'amitié étroite avec Thiers, Rémusat et Guizot : ce dernier a traduit en français l'œuvre principale de l'historien anglais, la *Vie de William Pitt.*

L'arrière grand père de M. Philip Stanhope, comte Stanhope, était le beau frère du célèbre Pitt ; mais il était loin de partager ses opinions politiques : il fut le seul dans la chambre des Pairs, qui protesta publiquement contre la politique hostile aux idées de 1789, et contre la guerre avec la France. Il fonda, même en 1795, la *Corresponding society of Great Britain* avec le concours des libéraux de cette époque, qui affirmaient publiquement leurs sympathies en faveur des principes d'où était sortie la révolution. Si le comte Stanhope, blâma, comme tous les esprits pondérés de son temps, les erreurs et les excès de la Terreur, s'il en déplora les crimes, il a approuvé l'idée philosophique qui avait changé la face du monde.

La *Corresponding Society* avait été dissoute, en 1787, par William Pitt, arrière grand'oncle maternel de M. Philip Stanhope Un siècle plus tard, le même M. Philip Stanhope, mû par les mêmes sentiments que Lord Charles Stanhope, fondait à son tour, à Londres avec quelques Anglais prévoyants la Société de l'Entente cordiale entre la France et l'Angleterre. A cette occasion, M. Stanhope, est venu plusieurs fois à Paris au moment même où un groupe de Français jetait les bases d'une société similaire en avril 1897.

Quel sera le succès de cette entreprise Nul ne saurait le dire. Rien n'est plus malaisé à détruire qu'un préjugé fortement enraciné et habilement exploité par quelques cosmo polites : il en est à Londres comme à Paris qui font métier d'entretenir l'anglophobie et la francophobie à l'état aigu, et qui en vivent largement. Leur action dissolvante est assez puissante pour égarer l'opinion publique ici et là : ils savent à la fois intimider, au nom d'un patriotisme de mauvais aloi, ceux qui ont le sens des véritables intérêts des deux pays et exciter les passions malsaines de la masse populaire, qui ne raisonne pas.

Il est à noter cependant que plus ils se montrent anglophobes en France, plus ils se dépensent en manifestations francophobes en Angleterre, plus aussi ils affichent leurs sympathies pour l'Allemagne. Ceci explique peut-être cela. Quoiqu'il en soit de ce projet d'Entente cordiale entre la France et l'Angleterre, qu'il soit réalisé, comme le commanderaient le bon sens et la saine raison, ou qu'il avorte comme le souhaitent ceux qui caressent le dessein chevaleresque d'amener l'empereur Guillaume à l'Exposition de 1900, les hommes avisés qui l'ont conçu et défendu publiquement des deux côtés du détroit n'ont rien à regretter, n'ayant rien à se reprocher.

M. Philip Stanhope, d'abord député de Wednesbury, aujourd'hui représentant de

Burnley, ville industrielle du Lancashire,
fait partie du groupe radical de la Chambre
des Communes. Dans ces derniers temps, il
a pris une part active et importante aux dé-
bats auxquels a donné lieu l'enquête sur les
actes de flibusterie du Dr Jameson et de
M. Cecil Rhodes contre la République des
Boers. Il est au nombre des honnêtes gens
de son pays qui réprouvent la politique de
piraterie internationale, où qu'ils soient
commis et quels qu'en soient les bénéfi-
ciaires.

Il est de ceux aussi qui se sont donné la
mission de faire accepter et prévaloir dans
le monde l'idée de l'arbitrage, et il préside
le groupe anglais de la conférence interpar-
lementaire, qui réunit, chaque année, dans
une des capitales de l'Europe, les membres
les plus éminents des divers parlements européens. La réunion de ce Congrès de la
paix a eu lieu, cette année, à Bruxelles, dans
le courant du mois d'août. M. Stanhope, qui
est le partisan convaincu de la politique pacifique, a tenu sans doute à honneur d'éle-
ver la voix en faveur des idées qui lui sont
chères, avec son éloquence habituelle.
Jamais occasion ne fut plus favorable de

faire entendre des paroles d'apaisement.

Jamais l'Europe n'eut un besoin plus immédiat de sang-froid et de sagesse. L'incendie en Orient est mal éteint ; l'orage gronde en Occident ; les armateurs d'Hambourg font les gros yeux aux marchands de la Cité de Londres, depuis la dénonciation du traité de commerce entre l'Angleterre et l'Allemagne, et se menacent d'une guerre impitoyable où les tarifs douaniers tiendront lieu d'obus à la mélinite.

Il est à craindre que les apôtres de l'arbitrage soient impuissants à résoudre le conflit économique qui s'élève entre les deux puissantes usines de l'Europe industrielle. C'est le cas ou jamais pour les partisans de l'Entente franco-anglaise, dont est M. Philip Stanhope, de redoubler d'efforts pour atteindre le but.

M. LE COMTE D'ORMESSON

Ministre plénipotentiaire

M. Le Comte D'ORMESSON

MINISTRE DE FRANCE A LISBONNE

Vieille noblesse de robe, comme on disait autrefois, nom illustre dans notre histoire, belle fortune, M. le comte d'Ormesson a eu, en entrant dans la vie, tout ce qui assure le succès.

Il compte parmi ses ancêtres des magistrats éminents au Parlement de Paris. Un de ses aïeux était contrôleur général des finances sous Henri III et avait épousé une petite-nièce de saint François de Paule. Une telle parenté est de celle dont on peut être fier, à juste titre.

M. d'Ormesson s'est allié à la famille du vicomte de la Guéronnière, le célèbre publiciste de l'Empire, dont il a épousé la fille.

M. Lefèvre (Olivier-Gabriel-François-de-Paule), comte d'Ormesson est né le 3 janvier 1849. Après avoir achevé ses études en droit, il débuta dans la carrière diplomatique, comme attaché à la légation de France à

Bruxelles, en 1867. A la chute de l'Empire, il donna sa démission et rentra dans la vie privée jusqu'en 1876. Le 24 mai de cette année, il fut nommé sous-préfet à Tonnerre par M. de Marcère, puis fut envoyé à Dinan (2e classe) en septembre 1876 et à Montluçon (1re classe) en février 1877. Au coup d'État du 16 mai, M. d'Ormesson donna sa démission, fut nommé préfet de l'Allier, le 13 décembre 1877, puis préfet des Basses-Pyrénées, en avril 1879.

En octobre 1880, il quitta la carrière préfectorale où il venait de faire un chemin si rapide, après avoir été nommé chevalier de la Légion d'honneur.

M. d'Ormesson, après six années de repos, se souvint qu'il avait donné à la diplomatie les premières années de sa jeunesse ; il eut le désir de rentrer au bercail du quai d'Orsay ; il y fut accueilli avec sympathie et nommé conseiller d'ambassade à Saint-Pétersbourg, le 5 juillet 1886.

Deux ans après, il fut élevé au grade de ministre plénipotentiaire et chargé des délicates fonctions de directeur du Protocole (20 septembre 1888). A l'occasion de l'Exposition de 1889, il fut promu officier de la Légion d'honneur. En 1893, il fut envoyé à

Copenhague et en 1895 à Lisbonne. Dans ce poste, il a fait preuve d'habileté et a su défendre les intérêts français engagés au Portugal. Il a fini par avoir raison des résistances du gouvernement portugais, au moins en partie, sans éveiller ses susceptibilités ; il en a obtenu certaines satisfactions sans perdre ses sympathies.

Il reste à régler à Lisbonne plusieurs questions d'un ordre très délicat, où les capitalistes français sont intéressés dans de larges proportions. M. le comte d'Ormesson tiendra à honneur de les résoudre ; il s'y applique avec zèle et intelligence, il y déploie beaucoup d'activité, d'aucuns prétendent même que son activité est parfois un peu inquiète et impatiente, grave défaut paraît-il, au regard des diplomates de carrière, pour qui le temps est le grand maître dans l'art d'ajourner les difficultés.

M. d'Ormesson, rompu par dix années de pratique professionnelle aux finesses de la carrière, doit avoir appris que si l'agitation peut être un défaut, l'immobilité est une vertu commode ; il est à croire qu'il ne se pique pas d'être sans défaut, mais qu'il redoute d'être trop vertueux.

M. PATRIMONIO

Ministre plénipotentiaire

M. PATRIMONIO

MINISTRE DE FRANCE A BELGRADE

Un diplomate de carrière, qui a conquis ses grades un à un et qui peut se rendre le témoignage de les avoir gagnés par un labeur assidu, sans rien attendre de la faveur. Les exemples de cette régularité dans la correction sont devenus rares ; il est prudent de les signaler ; on risquerait de les oublier, par les temps de favoritisme que nous traversons.

M. Patrimonio est Corse d'origine, ce qui signifie qu'il a la robustesse du montagnard, la souplesse du méridional et l'esprit aiguisé de l'insulaire. Doué de ces qualités, il aurait pu faire un excellent marin ou un vaillant soldat, comme son île en a tant produit, et d'illustres, ou un diplomate habile, comme la Corse en a fourni quelques-uns. Il a préféré ce dernier état et l'évènement a prouvé qu'il a fait un heureux choix.

Né le 17 décembre 1836, M. Patrimonio

(Salvator) entra dans la carrière consulaire le 1er juin 1860, comme attaché d'abord à la direction des consulats, puis à la légation de Florence en 1863. Elève consul à Livourne, le 29 août 1865, puis à Bucarest, le 30 octobre 1868, il géra le consulat général de Bucarest à plusieurs reprises et pendant des périodes difficiles, en 1869, 1870 et 1871.

Après un long stage de douze années, il fut nommé consul de 2e classe. le 30 décembre 1872, à la Canée et, le 30 octobre 1873, à Jérusalem, où il fut promu à la 1re classe, en 1879, et de là envoyé à Beyrouth, le 29 mars 1881, comme consul général.

Il avait entre temps été nommé chevalier de la Légion d'honneur, en 1877.

Pendant son séjour prolongé en Orient, M. Patrimonio a su prendre une grande autorité et acquérir une influence incontestée, à la fois auprès des fonctionnaires ottomans, des populations chrétiennes et du clergé catholique. La France jouissait, à cette époque d'un prestige réel dans ces régions, particulièrement à Beyrouth et à Jérusalem. M. Patrimonio avait admirablement compris quelle attitude devait garder le représentant de la France, pour rester fidèle aux traditions

de notre diplomatie et aussi pour se confor-
mer aux instructions précises de son gouvernement. Gambetta venait de proclamer
cette vérité élémentaire, mais méconnue des
sectaires ignorants, que l'anticléricalisme
n'est pas un article d'exportation.

S'inspirant de cette doctrine libérale, le
consul de Jérusalem, comme le consul général de Beyrouth, sut, pour le plus grand
profit des intérêts français, maintenir, sur
les missions catholiques d'Orient, le protectorat traditionnel de la France ; celle-ci était
encore, aux yeux des peuples orientaux, la
première nation chrétienne, malgré les
erreurs de notre politique en Egypte.

Il y a de cela quinze ans. Que les temps
sont changés! M. Patrimonio a eu la bonne
fortune de quitter Beyrouth avant d'assister
à l'amoindrissement de notre influence, qu'il
n'avait pas peu contribué à consolider.

En août 1885, M. de Freycinet, alors ministre des affaires étrangères, donna à
M. Patrimonio mission de se rendre à Tama-
tave et de prendre la direction des négociations ouvertes avec les Hovas, en vue de la
conclusion d'un traité de paix. Le gouvernement, aux prises avec de graves difficultés

parlementaires, à la veille des élections
législatives, au lendemain de la malheureuse
affaire de Langson, avait hâte d'en finir avec
l'expédition de Madagascar.

La tâche confiée à M. Patrimonio était
ingrate et malaisée. Il avait affaire à des
adversaires retors qui n'ignoraient pas, sans
doute, ce que le négociateur ne savait que
trop, l'intérêt du gouvernement français à
conclure un traité de protectorat, coûte que
coûte, vaille que vaille.

On a longuement, âprement discuté celui
que M. Patrimonio, ministre plénipotentiaire
(il l'avait été nommé à cette occasion) et
M. l'amiral Miot, commandant du corps expéditionnaire, avaient difficilement arraché
à la ténacité des négociateurs hovas. Les
chercheurs d'absolu avaient beau jeu à se
plaindre des stipulations obscures de ce
traité.

A tout prendre, c'était un succès d'avoir
obtenu, dans des conditions évidemment
défavorables, de l'astucieux premier ministre Rainilaiarivony, que la France pût établir
son protectorat, ou quelque chose qui y res-
semblait, sur l'île de Madagascar. Ce n'était
qu'un mot, dont d'ailleurs les Hovas devaient

contester le sens plus tard, mais ce mot avait une signification aux yeux d'autres puissances étrangères, qui s'en fussent également contentées On n'avait obtenu qu'un protectorat nominal, soit; c'était une solution provisoire, soit encore; en fin de compte le traité Patrimonio-Miot a été une novation de titre.

La France a pu s'en prévaloir pour faire reconnaître, en 1890, avec ses droits historiques, le principe de son protectorat par l'Angleterre et l'Allemagne, en attendant mieux.

Aussi bien, on ne saurait nier que le traité tel qu'il était, avait le mérite de réserver l'avenir, tout en stipulant à notre profit des avantages immédiats, une indemnité de guerre et l'installation d'un résident général auprès du gouvernement de Tananarive.

Aujourd'hui, à douze années de distance, on discerne mieux la valeur de l'instrument diplomatique créé par la fermeté et la persévérance des mandataires de la France.

M. Patrimonio a joué, à cette occasion, un rôle extrêmement utile et a apporté dans la conduite de ces laborieuses négociations autant d'habileté professionnelle que de modestie et de discrétion.

Promu officier de la Légion d'honneur, en 1883, M. Patrimonio fut accrédité à Cettinje le 3 février 1886, comme ministre de France auprès du gouvernement de Monténégro, puis, le 4 décembre 1888, à Belgrade où, depuis près de neuf ans, il n'a cessé de jouir de la considération de tous les partis, quels qu'ils fussent, à travers les crises multiples que la Serbie a subies pendant cette période agitée. Dans ce poste difficile, M. Patrimonio a mis à profit sa profonde connaissance des procédés de la politique orientale, pour éviter les difficultés d'ordre diplomatique, et servir utilement les intérêts économiques de son pays. Il a réussi aussi complètement que possible dans l'une et l'autre tâche, et il nous reste à souhaiter qu'il conserve, pendant de longues années encore, la mission dont il s'acquitte avec tant de zèle et de succès.

M. LE COMTE DE SESMAISONS

Ministre plénipotentiaire

LE COMTE DE SESMAISONS

MINISTRE PLÉNIPOTENTIAIRE

De vielle noblesse, fils de diplomate, petit-fils de diplomate, le comte de Sesmaisons (Marie-Louis-Edgard-Hervé), qui ne compte parmi ses ancètres que grands chanceliers, ambassadeurs, ministres, les Choiseul, les Dambray, les Molé, les Barantin, — autant de noms illustres inscrits à chaque page de notre histoire, — devait à ses traditions de famille de suivre, à son tour, la carrière diplomatique. Il y entra, mais tardivement, et, auparavant, il donna la preuve de sa bravoure pendant la campagne de 1870, comme capitaine au 92e de marche, sous les ordres de Chanzy et de Jaurès.

Patriote ardent, il avait vaillamment rempli son devoir de soldat dans l'armée républicaine ; avec le même patriotisme, il se rallia au gouvernement régulier de la France, dès la première heure, sans hésiter, sans se laisser arrêter par des considérations de

famille, soucieux avant tout de mettre au
service de son pays vaincu, désorganisé,
ruiné, le prestige d'un nom illustre et de
donner ainsi, dans l'intérêt suprême de la
patrie, un exemple et une leçon.

Il avait alors 26 ans, (il est né le 25 octobre 1844.)

Après la guerre, il entra dans la vie publique par le Conseil général de la Manche ;
pendant vingt-cinq années il a exercé son
mandat avec une continuité qui fait honneur
au mérite de l'élu et à la fidélité du corps
électoral.

Le 20 avril 1880, le comte de Sesmaisons
fut nommé d'emblée consul de 1re classe à
Venise, poste de choix pour un débutant,
mais qu'il devait quitter bientôt pour un plus
important, en laissant en Italie les souvenirs
les meilleurs. Le 1er avril 1881, il était envoyé
au Canada comme consul général à Québec.
Pendant son séjour de trois années en Amérique, le comte Sesmaisons sut avec un tact
parfait et une habileté qui ne se démentit
pas, entretenir dans le cœur des Canadiens
l'amour de l'ancienne patrie française et
mettre à profit les sympathies qui entouraient
le représentant de la France, pour donner un

développement marqué aux relations com-
merciales entre les deux pays. Son départ du
Canada causa les regrets les plus vifs et les
plus sincères : Canadiens, Français et
Anglais, conservateurs et libéraux furent
unanimes à les lui exprimer par l'envoi
d'une adresse conçue dans les termes les
plus flatteurs pour la France et les plus élo-
gieux pour son représentant à Québec.

Mis en disponibilité sur sa demande le
5 septembre 1884, M. de Sesmaisons fut
promu au grade de ministre plénipotentiaire le 4 mai 1886 et appelé, l'année suivante (22 septembre 1887), à diriger la légation d'Haïti.

Il n'est guère de poste plus difficile, ni de
plus pénible. Il y faut une santé de fer pour
résister au climat malsain, une énergie in-
domptable pour faire respecter les lois de
l'humanité et les droits des Européens, au
milieu des mouvements révolutionnaires
qui ensanglantent trop souvent ce beau et
malheureux pays.

Il faut, en tout temps, de l'habileté et du
tact pour évoluer à travers les rivalités politiques et les intrigues diplomatiques qui se
donnent un libre cours en Haïti. Il faut, à

certaines heures critiques, savoir braver les coups de fusil et les épidémies : c'était, c'est encore le cas.

A une époque où les communications étaient moins rapides, où les courriers étaient moins fréquents et les conversations télégraphiques avec le quai d'Orsay impossibles, il fallait plus que du tact et de la fermeté, il fallait, par surcroît, l'esprit d'initiative et de décision.

Il n'est que juste de dire que M. de Sesmaisons, pendant son séjour à Port-au-Prince, a eu mainte occasion de donner la preuve des qualités qui le distinguent. Il a connu les deux fléaux qui désolent périodiquement Haïti : une épidémie et une révolution. Il a fait montre de courage et de fermeté dans l'une et l'autre conjoncture, se prodiguant sans souci du danger, auprès des moribonds que fauchait la maladie impitoyable, faisant un rempart de son autorité aux malheureux que menaçait du dernier supplice la vengeance aveugle d'un despote ; bravant la mort cent fois dans ces journées sombres et douloureuses, où la fusillade et l'incendie consommaient leur œuvre de destruction.

Et cela avec une telle ardeur calme, avec une simplicité si noble, un sang-froid doublé de tant de dignité, que la population enthousiasmée acclamait la France dans son représentant.

Il en coûte quelquefois de faire tout son devoir à Haïti et ailleurs : d'autres que le comte de Sesmaisons en ont fait l'expérience. La politique a des exigences imprévues ; sous son couvert se commettent mille injustices, que savent accepter sans amertume les caractères bien trempés. Les diplomates les plus habiles échappent moins que d'autres encore à ces à-coups de carrière. Qu'importe? Les hommes de valeur réelle finissent toujours par émerger de l'ombre, où le caprice d'un ministère de passage les a plongés, quelquefois par nécessité.

La carrière du comte de Sesmaisons n'est pas terminée : il est encore assez jeune pour ne pas douter de l'avenir. Quelque jour le gouvernement, bien inspiré, ne manquera pas de faire appel à l'expérience professionnelle, que se plaisent à lui reconnaître tous ceux qui ont vu à l'œuvre l'ancien consul général du Canada et l'ancien ministre de France en Haïti.

M. ROPER PARKINGTON

Fondateur de " l'Entente Cordiale "

LE MAJOR ROPER PARKINGTON

PRÉSIDENT DU COMITÉ BRITANNIQUE DE
L' « ENTENTE CORDIALE »

M. Roper Parkington, quoique Anglais,
aime la France. Il a entrepris de démontrer,
en créant, à Londres, le Comité de l' « Entente
Cordiale », que grand est, en Angleterre, le
nombre de ceux qui professent de réelles
sympathies pour notre pays.

Né le 21 avril 1845, il est le fils unique de
M. John Weldon Parkington, décédé à Cal-
cutta en 1846.

Il est catholique romain et a fait ses études
en France et en Angleterre.

Marié, en 1873, à la fille cadette de M. A.
Louis Silvester, de Chiswick, il a eu de
cette union trois filles.

Il est activement mêlé à la direction des
affaires de la Cité de Londres, où, depuis
1895, il exerce les fonctions de lieutenant de
S. M. la reine Victoria. Il est, de plus,
magistrat du Comté de Londres et major du

9

3ᵉ bataillon East Surrey régiment *(lecte Firs*
Royal Surrey militaoia).

Il est à peine besoin d'ajouter que le majo
Roper Parkington est associé, comme mem
bre de la Société royale de géographie d
Royal Colonial Institute de la Chambre d
Commerce de Londres et de City conserta
tive Club, à l'étude de toutes les ques
tions d'ordre économique ou scientifiqu
qui tiennent une si large place dans l'éduca
tion de la jeunesse anglaise et dans les pré
occupations des hommes d'Etat—et d'affaire
ce qui est tout un de l'autre côté du détroi

Le comité dont M. Parkington a pr
l'initiative et auquel ont déjà adhéré les pe
sonnalités marquantes du Royaume-Un
membres du Parlement, industriels, con
merçants, etc... s'est donné la mission d'aid
au développement des relations amical
entre les deux grandes nations de l'Euro
occidentale.

Comme tous les hommes prévoyants,
Parkington et ses amis pensent que
France et l'Angleterre ont toutes raisons
vivre en bonne intelligence pour la paix
monde, le bien de l'humanité et l'intérêt
la civilisation.

Quiconque prend la peine d'examiner sans
préjugés, sans parti pris, la situation respec-
tive des deux pays au regard de l'Europe, à
l'époque actuelle, doit apercevoir nettement
les résultats d'une politique basée sur la
communauté des intérêts, sur la loyauté des
intentions, la réciprocité des bons procédés
et la cordialité des rapports.

Comme nous l'avons rappelé ailleurs, Sir
Edmund Monson a défini exactement cette
politique dans son discours au banquet de la
Chambre de Commerce britannique. Quelques
jours après, M. de Lanessan, les commentait
avec la puissance, le raisonnement et l'esprit
scientifique qui caractérisent le talent de
l'éminent écrivain :

« Sir Edmund Monson, écrivait M. de
Lanessan, déclare que quand il a remis ses
lettres de créance au Président de la République, il avait « une sincère affection pour
la France » et que ses sentiments sont largement partagés « de l'autre côté de la
Manche ». Il est persuadé qu'en France le
public n'attache aucune signification sérieuse
aux diatribes de certains écrivains qui
« s'ils pouvaient mieux connaître l'Angleterre seraient les premiers à rire de la

fausse conception qu'ils en ont » et il éme
nettement le vœu qu'il s'établisse entre le
deux pays « cette entente cordiale dont nou
parlions tant il y a quarante ans ».

« Tous ceux qui ont le souci de la pai
de l'Europe et de la grandeur de notre pay
s'associeront volontiers à ce vœu et félicite
ront sir Edmund Monson de l'avoir for
mulé, à une heure où tant d'efforts sont fait
par nos irréconciliables ennemis, pour nou
séparer de l'Angleterre et nous rendre ho
tiles à un peuple qui peut avoir dans
monde des intérêts différents des nôtre
mais qui ne saurait menacer nos frontière
ni mettre en péril notre fortune ou not
honneur. »

Après sir Edmund Monson, après M.
Lanessan, c'est la Chambre de Commer
française à Londres qui apporte son témo
gnage en faveur des idées de concorde
d'entente, dont M. Roper Parkington s'
fait, avec ses amis, l'ardent et dévoué pr
sélyte.

Ce témoignage, je le trouve exprimé da
une lettre que le Président de la Chamb
de Commerce française à Londres a adress
à notre Ministre du Commerce et de l'Indu

tric et dont voici le passage saillant

« Le vieil axiome, qui dit que pour aimer un pays il le faut bien connaître, est toujours vrai. Or nous n'hésitons pas à affirmer, nous qui, depuis de longues années, habitons l'Angleterre, que les sympathies anglaises pour la France sont, depuis une trentaine d'années, beaucoup plus accentuées. Le Français, séjournant peu à l'étranger, reste imprégné de ses vieux préjugés, particulièrement en ce qui concerne la « perfide Albion ».

« L'Anglais, moins sentimental, plus pratique et se déplaçant plus facilement, sans oublier son histoire, laisse dormir le passé et s'occupe plus du présent et de l'avenir. Combien de fois n'avons-nous pas entendu dire : « Si la France et l'Angleterre voulaient bien s'entendre et rester des alliées fidèles, elles conduiraient le monde... Nous qui vivons au milieu des Français, qui les estimons, il est naturel que notre gratitude seule nous dispose à collaborer de tout cœur à cette tâche ; mais nous le faisons aussi avec l'intime conviction que si la France sait reconnaître ses véritables intérêts, elle modifiera bientôt son orientation extérieure et

accordera à l'Angleterre une sympath
égale à la sienne. »

Il faut savoir gré à M. Parkington d'avo
donné lieu, par son intelligente initiative,
des manifestations caractéristiques, à d
démonstrations imposantes, qui emprunte
leur signification à la qualité morale ou à
situation politique des personnalités qui l
ont provoquées ou s'y sont associées.

Il n'est que juste de dire bien haut que
l' « Entente Cordiale » devient une réalité
Paris, comme à Londres, c'est M. Parkin
ton qui aura eu le mérite de discerner
premier les bienfaits de cet accord, et à s
comité de Londres restera l'honneur d'avc
le premier affirmé à la face de l'Euro
étonnée les sympathies sincères de l'Angl
terre pour la France.

Voilà pourquoi M. le major Roper Pa
kington a droit à notre estime particuliè
et pourquoi il a trouvé place parmi l'élite
nos « Contemporains ».

M. HARDING

Président de la Chambre de Commerce britannique à Paris

M. G. PALMER HARDING

PRÉSIDENT DE LA CHAMBRE DE COMMERCE
BRITANNIQUE A PARIS

Grand industriel, hardi novateur, M. Harding, anglais par sa naissance, a acquis droit de cité en France, par un séjour non interrompu de quarante années à Paris et par les entreprises considérables dont il a été le promoteur dans notre pays.

M. Harding, aime également l'Angleterre, sa terre natale, et la France, où il a passé les deux tiers de son existence et qu'il a appris à bien connaître.

Il est de ceux qui aspirent au rapprochement des deux nations, divisées par des malentendus habilement exploités, par des différends faciles à régler. Il est partisan de « l'entente cordiale » dont l'ambassadeur de la reine Victoria évoquait naguère le souvenir en termes si élevés et dont les esprits prévoyants appellent de tous leurs vœux la réalisation effective.

A ce titre, M. Harding avait sa place marquée dans cette galerie ouverte aux hommes de talent et de mérite.

M. G. Palmer Harding, né en 1824, à Jooting Larrey, descend d'une vieille famille établie, pendant deux siècles, dans le Hertfordshire à Hoddesten et Stanstead. Après avoir fait de bonnes études à Bridport Hall, il vint à Paris en 1856. Il était l'inventeur d'un procédé pour traiter l'acier qu'il perfectionna avec M. Christophe à Paris, et fit bréveter à Londres.

Les premiers produits obtenus par son procédé furent soumis à l'empereur Napoléon, qui ordonna d'en faire une application dans la construction de la première mitrailleuse.

M. Harding forma ensuite, à Londres, la Société de l'*Hydraulic Steel Tub Drawing* qui donna naissance à une nouvelle industrie très importante.

Après l'armistice, qui mit fin aux hostilités entre la France et l'Allemagne, M. Harding fut chargé par le lord-maire de Londres, sir Thomas Dahin, de diriger le premier train de ravitaillement envoyé par la ville de Londres à la ville de Paris ; aidé de MM. Moore et Stuart Wortley, il organisa la distribution des vivres aux Parisiens nécessiteux.

La paix rétablie, M. Harding reprit à Paris le cours de ses entreprises industrielles. C'est à lui que la France doit la création des premiers tramways, d'après le système déjà employé en Angleterre et en Amérique. Ce ne fut pas sans peine qu'il obtint la concession d'une ligne d'essai dans l'avenue de Neuilly. L'expérience ayant paru concluante, M. Léon Say concéda à M. Harding la construction des lignes de tramways sur les deux rives de la Seine.

C'est aussi M. Harding qui a inauguré à Paris et à Rouen le système de la traction à vapeur sur les lignes créées par son initiative. Vers la même époque, il réorganisa les docks et magasins de la ville de Rouen, où il a laissé, comme à Paris, la trace profonde de son habileté d'ingénieur et où il a conservé les amitiés les plus flatteuses, grâce à l'affabilité de son caractère.

Plus tard, M. Harding transporta son activité en Algérie, où il construisit la première partie du réseau des chemins de fer de l'Ouest-Algérien, depuis Oran jusqu'à Sidi-Bel-Abbès ; il fut directeur du réseau pendant quelque temps.

Sur son initiative fut construit à Paris l'Hôtel Continental, qui fut inauguré en présence du prince de Galles.

C'est grâce aussi à l'initiative de M. Harding que furent entreprises et menées à bonne fin les négociations entre les Compagnies françaises, américaines et anglaises du télégraphe sous-marin, négociations qui, on le sait, ont abouti à une entente favorable à tous les intérêts en cause.

Ce n'est pas tout encore. M. Harding, qui a une résidence d'été à Trouville, s'est appliqué à laisser dans cette région le souvenir durable de son nom honoré. Il a fait construire à Trouville une digue et un débarcadère qui permet l'accès des bâtiments à toutes marées. Il n'a pas peu contribué ainsi à rendre plus faciles et plus régulières les communications entre les départements du Calvados et de la Seine Inférieure.

Membre de la Chambre de Commerce britannique à Paris depuis 1875, M. Harding en a été nommé président en 1879 et en 1880 ; il a été réélu en 1886 et en 1897.

Dans cette situation, il est mieux placé que personne pour apprécier l'importance des intérêts commerciaux qui unissent la

France et l'Angleterre. Mieux que d'autres
peut-être, il a qualité pour dire tout haut à
ses concitoyens de Paris, comme à ses compatriotes de Londres : « Rien d'irréparable
ne vous sépare, tout vous convie à vous
unir. Unissez-vous !. »

M. TRICOUPIS

Ancien premier ministre en Grèce

M. TRICOUPIS

ANCIEN PRÉSIDENT DU CONSEIL EN GRÈCE

Grand ministre dans un petit pays, a-t-on dit de l'homme d'État qui vient de mourir à Cannes. M. Tricoupis avait, en effet, de larges aspirations ; il a eu l'ambition de régénérer la Grèce ; les moyens d'action n'ont pas répondu à ses desseins.

Ce n'était point un mégallomane, décidé à faire grand quand même, dût la ruine de son pays payer ses rêves généreux de régénération. C'était un vrai patriote, qui a travaillé de son mieux au relèvement de la Grèce; il s'est usé à ce labeur et a succombé à la tâche.

M. Tricoupis (Charilaos), né à Nauplie en 1832, était fils d'un diplomate doublé d'un historien, qui jouit dans son pays natal d'une certaine célébrité. Il commença ses études à Athènes et les termina à Paris. Il débuta dans la carrière diplomatique, comme attaché à la légation de Grèce à Londres, en 1852

il y devint secrétaire, puis chargé d'affaires
en 1863. Ce séjour prolongé en Angleterre
eut une influence décisive sur le caractère
de M. Tricoupis, qui fut anglophile avec une
certaine affectation durant toute sa vie, et
s'efforça de faire pénétrer dans son pays les
idées et la civilisation de l'Occident, plus que
ses compatriotes ne l'eussent désiré.

Il devint député en 1865 et ministre des
affaires étrangères, le 30 décembre 1866. Il
occupait ce poste, au moment de l'insurrection de Crète. Il eut un rôle fort difficile ; le
sentiment national le poussait à prendre
parti contre les Turcs en faveur des Crétois
alors que la pression européenne le mainte-
nait dans une politique de neutralité. Il essaya
mais en vain, d'amener les puissances à
intervenir auprès de la Porte pour l'indépendance de la Crète. Il quitta le pouvoir, à
la fin de 1867, sans avoir réussi à gagner
l'Europe à ses vues.

Il revint aux affaires, en 1875, comme président du Conseil et, à partir de cette époque
pendant 20 ans, il fut avec M. Delyannis
l'un des deux chefs qui se succédèrent à la
présidence du Conseil avec une régularité
inconnue dans tout autre pays. Il serait dif-

ficile d'ailleurs de tracer exactement la limite qui sépare la politique de M. Tricoupis de celle de M. Delyannis. Le parti Tricoupis représentait l'opposition, quand le parti Delyannis occupait le pouvoir et réciproquement. Le parti au pouvoir est dans l'obligation de suivre une politique pacifique, tout en évitant, avec le plus grand soin, de heurter le sentiment populaire. Le parti d'opposition prend le contrepied de cette politique, il soutient avec énergie les revendications de la race hellénique, il harcèle le gouvernement par des critiques, âpres dans la forme, dont il n'ignore pas d'ailleurs l'inutilité, sauf à ne pratiquer lui-même, quand il redevient le gouvernement, d'autre politique que celle qu'il a blâmée, quand il ne l'était pas.

On peut juger ce que le rôle de Premier Ministre, dans ces conditions, exige de dextérité pour ne pas mécontenter le patriotisme ombrageux des Hellènes et ménager les susceptibilités des puissances européennes.

M. Tricoupis a connu plus que personne les difficultés de cette politique délicate. Il resta peu de temps président du Conseil, en 1875, et redevint ministre des affaires étrangères, en 1877, dans le cabinet présidé par

M. Canaris. C'était avant la guerre russo-turque. Il fut entraîné à céder au parti hostile à la Turquie ; il fit des préparatifs militaires; mais, devant l'impossibilité où il était de lancer la Grèce dans un conflit où elle devait sombrer, il se retira.

En 1880, il revint au pouvoir et essaya de déterminer les puissances à accorder à la Grèce plus que n'avait promis le Congrès de Berlin. Il échoua et se démit. Il devait prendre la présidence du Conseil à la chute de M. Coumoundouros, quand celui-ci eut constaté son impuissance à obtenir ce que M. Tricoupis avait réclamé en vain précédemment.

M. Tricoupis essaya alors d'orienter la Grèce vers une politique purement économique. Il conçut tout un plan de réformes financières, de travaux publics, en même temps qu'il travaillait avec énergie à la réorganisation de l'armée et de la marine. La réalisation de ce plan exigeait des ressources considérables que l'état précaire des finances grecques ne permettait pas de trouver. M. Tricoupis fut victime de ses propres projets. Ses adversaires lui firent un crime de n'avoir pas réussi, sans argent, là où il en fallait

beaucoup : il fut battu aux élections de 1885.
Cependant, réélu dans une élection partielle,
il fut rappelé aux affaires en 1886 : il prit,
avec la présidence du Conseil, le portefeuille
des finances, résolu à recommencer la politique de rénovation économique et de réfec-
tion nationale. I provoqua l'envoi en Grèce
de diverses missions françaises, le général
Vosseur, l'amiral Lejeune, l'ingénieur Gotte-
land, qui avaient respectivement la tâche de
réorganiser l'armée, la marine et le service
des travaux publics. M. Tricoupis eut la
bonne fortune de restaurer quelque peu le
crédit du royaume hellénique. Il ouvrit des
chantiers de chemins de fer, entreprit le
desséchement de la plaine de Larisse, l'installation de phares et l'aménagement des
ports, développa l'instruction publique, et fit
en France la commande de six bâtiments
cuirassés.

Pour mener à bien ces utiles entreprises,
il fallait un budget extraordinaire, largement
doté ; l'argent faisait défaut pour alimenter
le budget ordinaire. Cette fois encore, M.
Tricoupis subit les conséquences de son
échec. Aux élections d'octobre 1890, son
concurrent, M. Delyannis, obtint une majo-

rité écrasante et M. Tricoupis quitta le pouvoir. La tâche ne fut pas plus aisée pour M.
Delyannis ; la situation financière de la Grèce
était plus précaire que jamais et, malgré
l'énormité des impôts, le trésor hellénique
n'arrivait pas à faire face à ses engagements.
M. Delyannis est remplacé en 1892 par M.
Tricoupis. Celui-ci lui cède la place l'année
suivante et le remplace de nouveau quelques
années après. A ce moment, les difficultés
étaient devenues telles que M. Tricoupis eut
le pénible devoir de recourir à une mesure
extrême : il réduisit d'office les engagements
de la Grèce vis-à-vis de ses créanciers.
C'était inévitable ; M. Tricoupis avait fait ce
que tout autre eût été contraint de faire, mais
il fallait une victime : ce fut lui. Il fut renversé aux élections générales de 1895. Il
était resté depuis lors dans la retraite. Ces
derniers temps, il était venu demander au
climat de la France le rétablissement de sa
santé fortement ébranlée par un labeur
acharné de trente années. Il est mort à
Cannes le 18 avril 1896.

TABLE DES MATIÈRES

~~~~~~

Paris. — Imp. Em. Mauchaussat, 32, boulévard de Vaugirard

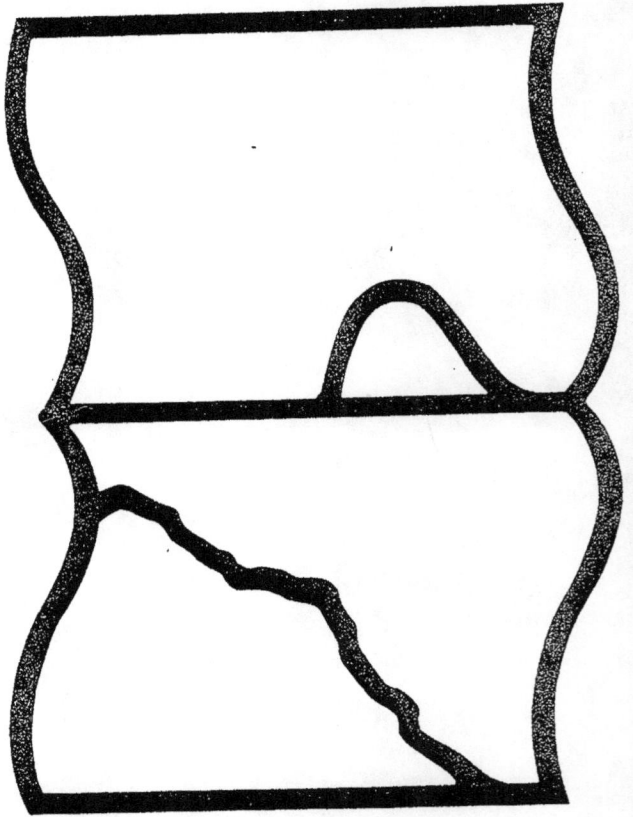

Texte détérioré — reliure défectueuse

NF Z 43-120-11

www.ingramcontent.com/pod-product-compliance
Lightning Source LLC
Chambersburg PA
CBHW072001090426
42740CB00011B/2034